CLAUDIA RIESS | STEFAN RIESS

BORN TO BE WILD?

WIE DIE GENERATION Ü40 FÜHLT, LIEBT UND LEBT

Deutscher Taschenbuch Verlag

Auch als E-Book erhältlich

MIX
Papier aus verantwortungsvollen Quellen
FSC® C013736

Originalausgabe 2014

Umschlagkonzept: Balk & Brumshagen
Umschlaggestaltung: buxdesign I München
Satz: Bernd Schumacher, Obergriesbach
Druck und Bindung: Kösel, Krugzell
Gedruckt auf säurefreiem, chlorfrei gebleichtem Papier
Printed in Germany · ISBN 978-3-423-26008-4

Für Finn und Dylan, die besten Jungs der Welt

INHALT

Wen wir lieben

Wie wir leben

DER BEGINN:
EIN ABEND UNTER FREUNDEN ODER
WIE DIE IDEE ZU DIESEM BUCH ENTSTAND

Wie Claudia ihn erlebte …

Da saßen wir wieder zusammen, mein Mann und ich und vier unserer ältesten Freunde, sechs Menschen im besten Alter, wie man so sagt, bei einem Glas Wein und etwas Käse. Lange hatten wir uns nicht gesehen und die Zeit hatte ihre Spuren in den Gesichtern und Lebensläufen hinterlassen.

An diesem Abend fiel mir zum ersten Mal auf, dass wir nicht mehr jung waren. Und mir kam ein Zitat von Heinrich Böll in den Sinn, das ich vor Kurzem gelesen hatte: »Wie alt man geworden ist, sieht man an den Gesichtern derer, die man jung gekannt hat.« Anstatt als »Best Ager« fühlen wir uns eher wie »alte Säcke«. Angekommene, die in einer Sackgasse stecken. Uns 40- bis 55-Jährigen geht es wie der Popkultur: Rückwärts ist das neue Vorwärts. Unser Leben – eine Collage aus Retroschnipseln (die erste selber aufgenommene Musikkassette für die La-Boum-Fete im holzgetäfelten Partykeller der Eltern, Interrail quer durch Europa, das erste eigene Auto, der erste Job, verflossene Partnerschaften). Wir blicken nur noch zurück, weil wir fürchten: Da kommt vermutlich nichts Großartiges mehr. Es gibt kaum Abzweigungen auf unserem Lebensweg, er führt geradeaus ins Altenheim, stramm auf den Tod zu.

Früher dankte man mit 40 ab. Dank moderner Medizin, genug zu essen, Fitnesswahn und Frieden in unserem Land dürfen wir stattdessen noch lange Jahre weiter mit Spiegeln im Haus leben und feststellen, dass unsere Zellen von Tag zu Tag an Disziplin verlieren. Das Gute daran: Es wird schnell gehen. Es ist ja jetzt schon so, dass jedes neue Jahr doppelt so schnell verläuft wie das Jahr zuvor. Kein Wunder also, dass es uns vorkommt, als sei in unseren Dreißigern viel mehr passiert als in den Vierzigern.

Beruhigend war, dass es den anderen wohl ähnlich ging. Obwohl wir unterschiedliche Lebenswege eingeschlagen hatten, bewegten uns alle dieselben Themen. Dieselben Ängste. Und dieselben Probleme. Ich schielte zu meinem Mann hinüber und sah, dass er das Gleiche dachte wie ich: Zeit, darüber ein Buch zu schreiben. Über unsere Generation. Die Generation der 40- bis 55-Jährigen, die mittleren Jahrgänge, die cool und niemals spießig sein wollen. Die Generation, die immer noch versucht, aus dem Schatten der 68er rauszutreten. Und sich schwer damit tut, sich irgendwie einzuordnen.

Was uns verbindet, sind die Erfahrungen einer Kindheit in den Sechzigern, einer Jugend in den Siebzigern, für viele folgte das Studium in den Achtzigern und die Karriere in den Neunzigern. Unsere Generation wuchs ohne wirkliche Feindbilder auf. Aber wir sind auch die Generation, deren Provokation meist völlig ins Leere lief. Wir trugen Che-Guevara-T-Shirts und PLO-Tücher und sahen abends im Fernsehen ›Ein Colt für alle Fälle‹ und Captain Kirk. Wir schmissen im Kino Reis zur ›Rocky Horror Picture Show‹, feierten die sexuelle Freiheit, doch erkämpft hatten sie andere – die Generation vor uns. Wir hatten und haben nichts, woran wir uns wirklich reiben können. Gelobt werden stets die hungrigen

Jungen und die radikalen Alten. Die Alten, die 68er, haben ihre Biografien offen zur Schau gestellt, ihre Befindlichkeiten an die große Glocke gehängt und damit die nachfolgende Generation komplett überschattet. Wir kommen aus ebendiesem Dunkel, dieser Stille, aber ist von uns wirklich nicht viel zu erwarten?

Wir sind nicht mehr jung, wollen aber noch so wirken.

Und das gelingt uns auch: Wir haben einen Schrank voller Klamotten, auf die unsere Kinder neidisch sind, und hören Musik wie Teenager. Kein Wunder, schließlich kennen wir uns da aus. Ist ja alles von vorgestern, hatten wir doch schon mal. Kühler Eighties-Synthie-Pop, tot geglaubte Alt-Rocker und Nineties-Boybands tauchen plötzlich wieder auf genau wie die alten Serien unserer Kindheit oder die Leggins, Netzhemden und Neonfarben aus den modisch zweifelhaften Achtzigern. »Jedes Zeitalter hat seine Vorgänger wieder aufleben lassen. Aber es hat noch nie eine Gesellschaft gegeben, die so vernarrt in die Kultur ihrer jüngsten Vergangenheit war wie wir heute«, schreibt der britische Pop-Chronist Simon Reynolds in seinem Buch ›Retromania‹. Sind unserer Generation etwa die eigenen Ideen abhandengekommen?

Da saßen wir also mitten in München an diesem Winterabend. Eigentlich sollten wir glücklich und zufrieden sein, leben wir in Deutschland doch im Wohlstand. Wir haben vieles erreicht, einige von uns haben Kinder, wir verdienen nicht schlecht und haben so manches gesehen von der Welt. Aber auf unseren Gesichtern machte sich Frustration breit. Dabei gelten wir doch als »lässig-freundliche Generation«, wie Harald Schmidt einmal sagte. Ich will Spaß, ich geb' Gas. Wir sind die Ersten, die nach der konservativen Strenge der

50er- und 60er-Jahre und der linken Strenge der 68er etwas Pop und Spaß ins Leben, in den Beruf und in die Politik brachten.

Auf dem Tisch war ein Durcheinander von Tellern, Flaschen und Gläsern, genau wie in unseren Köpfen und Gedanken. Wir sprachen über die Kanzlerwahl, inwieweit sich SPD und CDU noch unterscheiden, über schwarze Präsidenten und darüber, ob unsere Kinder Chinesisch in der Schule lernen sollten. Ich öffnete eine weitere Flasche Roten und wir wechselten von Politik zu Kultur, waren uns einig darüber, dass Bob Dylans Musik die erste war, die uns wirklich berührt hatte. Wir stellten fest, dass bei uns kaum noch der Fernseher läuft, außer im Vorabendprogramm für die Kinder oder bei der Fußball-WM. Dabei sind wir selbst echte Fernsehkinder. Die erste Generation, die mit der Flimmerkiste aufwuchs. Die ohne ›Flipper‹, ›Western von gestern‹ oder ›Sesamstraße‹ nicht ins Bett wollte. Und heute die Augen verdreht, sobald der eigene Nachwuchs bettelt: »Nur noch kurz den Anfang von ›Supertalent!‹« Wir rätselten darüber, warum ein Buch wie ›Shades of Grey‹ ein Mega-Erfolg geworden ist, schließlich »hat unsere Generation doch die Emanzipation der Frauen ein entscheidendes Stück weitergebracht«, meinte meine Freundin Susanne, eine verheiratete Lektorin mit zwei Teenager-Kindern.

»Glaubst du das wirklich?«, warf ich ein. »Ich finde, an der Frage, wie sich die berufliche Eigenständigkeit der Frauen harmonisch mit dem Familienleben verbinden lässt, ist unsere Generation gnadenlos gescheitert. Das sehe ich ja bei uns selber: Wir teilen uns Job und Kindererziehung, und der Stress ist genau der Gleiche. Wenn du dich um Kinder, Eltern *und* den Beruf kümmerst, bist du einfach verloren. Da bleibt für nichts mehr Zeit, und abends fällst du todmüde ins Bett, ohne zu sehen, was du geleistet hast …«

»… und das bisschen Sex geht über die Jahre auch immer mehr flöten«, fiel mir Susanne ins Wort.

»Na, ihr kennt doch die Formel für ehelichen Sex: ein Jahr lang täglich, ein weiteres Jahr lang einmal wöchentlich, dann einmal monatlich und schließlich je nach Lust und Laune«, sagte einer aus unserer Runde.

»Also, mich wundert es nicht, dass ›Shades of Grey‹ zum Markterfolg wurde. Auch wir mittelalten Frauen träumen vom Ritter, der nur uns im Sinn hat und eine heiße Nummer«, schoss es aus mir heraus.

»Ich glaube, ich muss jetzt eine rauchen«, meinte Susanne und blickte dabei ihren Mann an, der ihr gegenübersaß.

»Kannst du gerne machen, draußen auf dem Balkon habe ich einen Aschenbecher hingestellt, hier drinnen möchte ich das nicht wegen der Kinder, du weißt schon«, entgegnete ich.

Rauchen? ging es mir durch den Kopf. Das ist doch Neunziger, wer macht das denn heute noch? Ich habe vor Jahren aufgehört. Die Missbilligung der anderen war nicht mehr zu ertragen, dieser indignierte Blick, als ob man aussätzig wäre. Dauernd in der Kälte stehen und frieren war auch nicht mein Ding. Und wenn du dann die Zigarette in einem Blumentopf ausgedrückt hast, schauten dich alle an, als ob du der Geranie gerade Krebs angehängt hättest. Auch die Hundebesitzer guckten komisch und zogen ihren Ridgeback zur Seite, damit der nicht COPD bekommt. Früher war mir das alles egal, *no risk, no fun*. Aber jetzt, mit Kindern, und ich nicht mehr die Jüngste. Da hat der Gesundheitswahn (oder die Diktatur der Fürsorge, wie sie in der ›Zeit‹ genannt wurde) auch vor meinem Leben keinen Halt gemacht. Früher konnte ich mich tagelang von Asia-Fertignudeln ernähren, heute drehe ich jede Packung dreimal um und schaue, welche Inhalts-, Farb- und Zusatzstoffe drin sind. (Ja, nach Kalorien auch ...)

Es ist so weit. Ich meine das Altern. Ein untrügliches Zeichen dafür, dass man nicht mehr zu der Generation gehört, die mit Skateboards die Treppen runterdonnert und Red Bull trinkt, ist: Man tauscht mit Freunden, mit denen man früher die Nacht durchtanzte und durchsoff, Nummern von Osteopathen aus.

»Na, es ist doch noch keinem gelungen, gesund alt zu werden. Soll ich mir meine Laster verbieten, nur, weil ich älter werde? Oder weil ich noch älter werden will? Ich nehme mir die Freiheit und das Recht mir zu schaden, ein guter Rotwein, hin und wieder eine Zigarette erhöhen die Lebensqualität ungemein«, bemerkte Susannes Mann.

Klar, damit hatte er recht. Fakt ist aber auch, was ich mir nicht verkneifen konnte hinterherzuschieben, dass ein Raucher mindestens fünf Jahre früher stirbt als ein Nichtraucher. Und nicht zu vergessen: Die Haut altert schneller, du bekommst mehr Falten, die Durchblutung wird schlechter. (Und, Achtung Männer, solltet ihr es noch nicht wissen: Deshalb geht es aufgrund von Nikotin mit der Potenz noch schneller bergab als durch den altersbedingten Testosteronrückgang.) Wie auch immer – sicher ist ohnehin, dass in Deutschland jeder Dritte an Krebs erkranken wird, also hier an unserem Tisch sind das dann zwei. Will ich dazugehören? Die Aussicht auf Chemo, Bestrahlungen und ein jahrelanges Dahinsiechen macht einen wirklich fertig. Aber was ist, wenn ich Krebs bekomme, obwohl ich jahrelang auf alles verzichtet habe?

Früher haben wir über solche Themen gar nicht nachgedacht – wir fühlten uns unsterblich. Jeden Morgen stand man voller Tatendrang auf, heute bremsen einen schon am Morgen Rückenschmerzen und bleierne Müdigkeit aus. Das Heldengefühl früherer Tage ist einem ›Feeling Mortal‹ (so der Titel der letzten CD von Kris Kristofferson) gewichen.

Was macht man mit diesen Gedanken? Unsere Freunde haben alle verschiedene Strategien gewählt: verdrängen, trotzen, so weiterleben wie bisher. Ich versuche mir klarzumachen, dass ich jetzt in einem Alter bin, wo ich jeden Tag damit rechnen muss, dass mir eine Diagnose gestellt wird, die all meine Pläne über den Haufen wirft. Oder, um es mal mit den Worten des Dichters Jean Cocteau zu sagen: »Je mehr Kerzen deine Geburtstagstorte hat, desto weniger Atem hast du, um sie auszublasen.« Wenn ich mir vorstelle, dass mein Mann oder ich an Krebs erkranken: Wie soll das gehen? Kann einer allein das alles bewältigen? Nicht nur die ganze Organisation, sondern auch das Finanzielle regeln? Überlegungen wie diese können jegliche Lebensfreude im Keim ersticken. Und es geht ja noch weiter: Wer kümmert sich um die Eltern, die 600 Kilometer entfernt leben? Im Moment sind beide noch gut beisammen und verreisen ihre Rente, aber das kann sich von heute auf morgen ändern.

Für eine Zeit wurde es unangenehm ruhig in dieser Vierzimmeraltbauwohnung. Jeder klammerte sich an sein Glas, bis Maria das Schweigen durchbrach: »Ich glaube, ich bin bald meinen Job los!« Und damit ein anderes großes Thema anschnitt, das uns alle beschäftigte, die Unsicherheit unserer beruflichen Existenz. Maria hatte sich bewusst für ein Leben ohne Kinder entschieden und sich ganz auf ihren Job ausgerichtet. Sie war immer verfügbar und auf Reisen, auch ihre jeweiligen Partner mussten sich ihrem Terminplan unterwerfen. Jetzt mit knapp über 50 Jahren war es zu spät für Nachwuchs und vielleicht auch dafür, eine feste Partnerschaft aufzubauen. Irgendwann hat man sich auf eine bestimmte Existenz festgelegt, vielleicht ohne es wirklich zu merken, und je weiter dieses Leben voranschreitet, umso weniger Optionen gibt es, noch entscheidend etwas daran zu ändern. Eines Tages ist es womöglich vorbei, du verlierst deinen Job, deine Privilegien und einen Großteil deiner Bekannten – von heute auf morgen. Ein Thema, über das sich leichter reden lässt als über Krebs und das Sterben, und die Diskussion am Tisch nahm wieder Fahrt auf:

»Na ja, mit einem Jobverlust müssen wir in diesen Zeiten alle rechnen, unsere Wirtschaft verändert sich so schnell, heute noch Chef, morgen Hartz IV«, warf Susannes Mann etwas zynisch ein. »Also, ich weiß auch nicht, wie ich bis zur Rente durchhalten soll, und selbst wenn, was kommt dann? Die Rente reicht nicht mal für die Miete, die Lebensversicherungen sind nichts mehr wert, die Kinder noch in der Ausbildung, und ja, manchmal sehe ich mich schon unter der Brücke schlafen«, sagte leicht melodramatisch mein Mann.

Ich starrte ihn etwas fassungslos an. Von unserer Wohnung bis zur Isarbrücke – so weit reichten meine Gedanken noch nicht. Über unseren Köpfen hingen mit einem Mal schwarze Wolken und das Gespräch bekam eine eigentümliche Negativ-Dynamik.

»Freunde, das kann schneller passieren, als ihr denkt. Ein Bekannter von mir hat mit 53 einen guten Job verloren, die Frau hat sich scheiden lassen, jetzt lebt er in einer 30 m²-Wohnung und muss auch noch Unterhalt zahlen. Er hat zwar nach einiger Zeit wieder eine neue Arbeit gefunden, aber schlechter bezahlt und nicht das, was er wollte. Meint ihr, der kommt wieder richtig auf die Beine? Wenn ich daran denke, wird mir ganz anders«, sagte Peter, ein sonst optimistischer Fünfziger, Single.

Wir sind eine Generation, für die es im Leben nur aufwärts ging. Krisen kannten wir auch, persönliche vor allem – Selbstfindungskrisen, Ehekrisen, die Krise, nicht die richtigen Klamotten zu finden ... Doch Spaß beiseite: Natürlich mussten wir hin und wieder etwas leisten, aber wir blieben verschont von verheerenden Wirtschaftskrisen, von Hungersnot und unendlicher Armut. Die Jahre, in denen wir aufwuchsen und erwachsen wurden, waren eine Phase – und machen wir uns nichts vor, sind es auch heute noch –, in der Menschen in einem bislang nie erlebten Maß die Chance hatten, angenehm zu leben. Materielle Güter sind im Überfluss vorhanden. Die Wohnungen sind mit allerlei Erleichterungen ausgestattet, Dinge, von denen unsere Eltern träumten oder nichts ahnten, wie riesige Farbfernseher, Smartphones oder Computer sind selbstverständliche Begleiter geworden. Doch anstatt diesen Luxus zu genießen, sind wir ängstlich geworden. Richtige Schisser. Wir fürchten, dass wir uns ein Leben, so wie wir das zurzeit führen, nicht mehr leisten können. Wir klammern uns an unseren Besitz und investieren viel Energie und Zeit, unsere Jobs zu verteidigen, die wir bedroht sehen. Wir wissen, dass eine Milliarde Menschen von nur einem Dollar am Tag lebt, aber trotzdem wollen wir unsere Kinder mit all den teuren Spielsachen (Playstation, Mountainbike, Brio-Eisenbahn) verwöhnen. Es soll ihnen doch besser gehen als uns, oder? Überhaupt die Kinder: Wir kommen vielleicht noch durch, doch was ist mit unserem Nachwuchs?

Wie vielen meiner Generation gruselt's mir, wenn ich an die Zukunft meiner Kinder denke. Unsere Generation musste sich nichts erkämpfen, selbst die Schlechtesten schlugen sich getragen vom Aufschwung halbwegs erfolgreich durch das Leben. Und wir konnten uns das noch leisten: einfach mal schauen, in den Tag hineinleben, heute dies, morgen das studieren, sich ausprobieren. Das geht heute nicht mehr. Unsere Kinder müssen nicht nur mit einem immer anspruchsvoller werdenden Arbeitsleben fertigwerden, sondern auch noch mit der Konkurrenz aus China und Indien. Ganz früh müssen Entscheidungen getroffen werden, wer heute nicht in der Grundschule vorne dabei ist, wird es nie sein. Unsere Kinder sind einem enormen Druck ausgesetzt. Stress und Burnout sind Wörter, die Kinder jetzt schon in Grundschule und Gymnasium kennen und vielleicht auch erleben. Warum? Weil wir Eltern Angst vor einem langsamen oder schnellen Niedergang haben und unsere Kinder unter Druck setzen. Die vermeintliche wirtschaftliche Instabilität ist ja längst nicht alles. So recht wollen wir uns gar nicht vorstellen, was in der Zukunft noch alles auf uns und unsere Kids zukommt, Klimaveränderung, Überalterung ...

Wir haben Angst, Angst, Angst. Wir haben es nicht gelernt, uns mit Krisen und Katastrophen auseinanderzusetzen, weil wir diese ja nie erlebt haben. Wir haben nicht die Erfahrung der eigenen Stärke gemacht, weil wir nie so richtig existenziell herausgefordert waren. Abstieg, Niedergang, Krankheit und Altern sind Themen, mit denen wir lange nicht konfrontiert waren. Und von denen wir, die Forever-young-Generation, nur eine vage Vorstellung haben, wie sich das wirklich anfühlt. Wir bemitleiden uns dauernd, dass wir nicht mehr jung sind und die Welt uns nicht mehr liebt. War früher unser

Motto: ›Time is on my side‹, wird uns langsam schmerzlich bewusst, wie unsere körperlichen und mentalen Kräfte ein wenig nachlassen.

Gerade wir Frauen leiden darunter mehr als früher. Zu heftig ist das Diktat der Werbung, Modeindustrie und der Medien. Wir müssen schön sein. Wir müssen schlank sein. Wir müssen jung sein. Mit jedem Jahr, das wir älter werden, mit jedem grauen Haar, mit jedem Röllchen Hüftspeck verlieren wir an Status.

Wir sorgen uns nicht nur um unsere Jobs, sondern auch um unsere Attraktivität. Oder, wie Françoise Sagan es einmal ausdrückte: »Es gibt ein Alter, in dem eine Frau schön sein muss, um geliebt zu werden. Und dann kommt ein Alter, in dem sie geliebt werden muss, um schön zu sein.«

»Wisst ihr, was mich wirklich fertigmacht?«, warf ich in die Runde, um das Thema zu wechseln und meinen wirren Gedanken an diesem Abend freien Lauf zu lassen. »Ich habe das Gefühl, ich bin unsichtbar geworden. Früher, auf Partys, haben mich die Frauen neidisch angeschaut und die Männer mit mir geflirtet. Jetzt habe ich den Eindruck, es nimmt mich keiner mehr wahr.«

Für uns Frauen am Tisch war das Thema Aussehen etwas Wesentliches, auch wenn wir es nicht immer offen zugegeben hätten. Aber hier, unter uns alten Freunden, ließen wir mal so richtig die Hüllen fallen. Uns allen war klar, dass sich unsere Generation ganz wie von selbst ein elftes Gebot auferlegt hat: *Du darfst nicht alt aussehen*. Ach, und wo wir schon mal dabei sind, eigentlich noch ein zwölftes: Du sollst nicht fett sein. Maria erzählte, wie sie neulich beim Besuch ihres Hautarztes mit dem Gedanken gespielt hatte, sich etwas Botox spritzen zu lassen.

»Hat jemand von euch so etwas schon mal ausprobiert?«, fragte sie unsicher in die Runde. »Fettabsaugen, Nasenkorrekturen, Botox-Spritzen, ich kenne mich da nicht aus, aber in meinem Bekanntenkreis haben das jetzt viele machen lassen.«

»Im Ernst? Das kostet doch richtig Geld und ganz ungefährlich ist es auch nicht«, meinte ich.

»Auf den Gedanken hat mich eine Freundin gebracht. Sie wurde von heute auf morgen gefeuert, ersetzt von einer 20 Jahre jüngeren Kollegin. Meine Freundin konnte noch nie gut mit dem Älterwerden umgehen, aber das stürzte sie in eine wochenlange Depression. Dann ließ sie sich ein wenig die Haut um Augen und Nase glätten, sie färbte sich die Haare und fühlte sich viel besser. Und wisst ihr was? Sie fand auch prompt einen neuen Job, nicht in der gleichen Position, aber immerhin, sie ist ja auch schon Anfang 50. Wenn die Natur nachlässt, warum soll man da nicht ein bisschen nachhelfen?«, fragte Maria, aber ich glaube, sie fragte das in diesem Augenblick vor allem sich selbst.

Das Aussehen ist eine Sache. Status, Besitz, Geld – unsere Generation schätzt materielle Dinge und Äußerlichkeiten sehr hoch, aber auf der anderen Seite haben wir auch immer einen großen Anspruch in anderer Hinsicht an uns gehabt. Wir wollten uns verwirklichen, wir wollten an unserem Inneren arbeiten, wir wollten ein besonderes, gutes, geglücktes Leben führen. Wir wollten es in jeder Hinsicht besser machen als unsere Eltern. Und es nicht nur besser haben, wie diese nicht müde wurden, uns zu wünschen. Wir wollten intensiver leben, bewusster handeln, profunder denken. Aber im Laufe der Zeit wurde uns allen klar, dass nicht jeder die Chance hat, ein ausgefallenes Leben zu führen – viele sind berufen, nur wenige auserwählt. Die Chancen auf einen künstlerischen Erfolg, eine außerordentliche Karriere, die Erleuchtung oder was auch immer bleibt logischerweise nur wenigen vorbehalten. Wir sechs an diesem Tisch gehörten nicht dazu. Wir sind da gelandet, wo wir eigentlich nie hinwollten: im Mittelmaß. Und das ist vielleicht – Krebsangst, Einsamkeit, Existenzkrisen, Unsicherheit hin oder her – das, was uns am meisten schmerzt. Vor allem die Tatsache, dass wir das möglicherweise gar nicht mehr ändern können: Wir müssen damit fertigwerden, dass unser Leben schon über die Hälfte gelebt ist, dass wir uns festgelegt haben, dass wir gar nicht mehr so viele Alternativen haben. Und dass es sehr unwahrscheinlich ist, alle Träume, die wir einmal hatten, jetzt noch auszuleben. Aber haben wir nicht tatsächlich viel mehr als unsere Eltern oder die Generationen davor unsere Träume verwirklicht? Haben wir nicht gefeiert, bis die Wolken wieder lila wurden? Haben wir nicht von Südafrika bis Nordamerika alles gesehen? Haben wir nicht viele beglückende Erfahrungen gemacht? Geliebt? Und mit 55 Jahren ist das Leben doch nicht zu Ende – wir können mit einem neuen Partner durchstarten, eine Weltreise unternehmen, uns selbstständig machen. Wir sind freie Menschen, wir können unser Leben selbst in die Hand nehmen. Oder etwa nicht?

Jetzt war die Nachspeise an der Reihe, und obwohl die Ersten schon um 22.30 Uhr auf die Uhr schauten, mäanderte das Gespräch weiter – von Schönheitskliniken zu den Arbeitsbedingungen in chinesischen Fabriken, von interessanten iPhone-Apps zur bevorstehenden Fußball-WM, von der Angst vor Terroranschlägen zu den nächsten Reisezielen, bis wir irgendwann alle so betrunken waren, wie wir es in unserer Jugend unserer Erinnerung nach nie gewesen waren.

Solche Gespräche finden in vielen deutschen Wohnungen statt und in den folgenden Kapiteln wollen wir zeigen, was es im Einzelnen mit den Hoffnungen und Ängsten, Sorgen und Nöten, Träumen und Wünschen der Generation Ü40 auf sich hat, aber vorher noch ein Kommentar von meinem Mann, wie er den Abend erlebt hat.

Ein Abend mit Freunden, wie Stefan ihn erlebte …

Die Idee zu dem Buch hatte ich natürlich schon länger – jeden Morgen, wenn ich in den Spiegel blicke, schaut mich ein fünfzehn Jahre älterer Mann an. Diesem Phänomen wollte ich schreibenderweise auf den Grund gehen. Ich fühle mich wie Ende 30, aber die Realität im Spiegel und im Reisepass sieht anders aus. Zudem wurde mir immer klarer, dass wir Mittelalten nicht nur die größte Bevölkerungsgruppe in Deutschland stellen, sondern auch die wirtschaftlich stärkste (Einkommen! Vermögen! Kaufkraft! Steuerlast!), und trotzdem kümmert sich keiner um uns und unsere Probleme. Pisa-Tests, Jugendarbeitslosigkeit, Rentenanpassungen – über die Generationen vor und nach uns wird dauernd diskutiert, aber keiner schert sich um uns. Das muss sich ändern, und der Abend mit unseren alten Freunden war eine weitere Bestätigung dafür. Über Krebs und Altersinkontinenz wollten meine Freunde und ich nicht so gerne reden, das überließen wir unseren Frauen. Und über Schönheitsoperationen eigentlich auch nicht (obwohl, in letzter Zeit überlege ich mir doch, ein bisschen Botox hier und da, warum hängen diese Lider eigentlich so und mit den Mundwinkeln geht es auch nicht mehr aufwärts. Und was meint eigentlich mein kleiner

Sohn, wenn er sagt, meine Haut sei so altmodisch?). Aber als es im Gespräch um Existenzängste und Statusverlust ging, waren wir Männer gleich mit dabei, schließlich misst sich unser Wert (für uns und unsere Familien) immer noch an der Zahl auf dem Gehaltszettel und dem Wasserstand des Kontos. Und nicht erfüllte Träume, da sind wir Spezialisten: Was wollten wir nicht alles machen – allein um die Welt fahren, einen richtigen (erfolgreichen!) Roman schreiben, mit den Kindern in der Wildnis übernachten. Ach ja, die Kinder ... Warum finden sie Rockmusiker, Extremsportler, Raumfahrer, Piraten und Millionäre cool und toll und ihre Eltern nicht? Weil ihre Eltern eben gerade nicht cool und toll sind, sondern mittelmäßig, mittelalt und laaaangweilig. So wie wir nie werden wollten. Pech gehabt, lässt sich da noch was machen? Schauen wir mal. Auf den nächsten Seiten gehen wir auf die Suche nach den Idealen – und danach, wie es im Realen aussieht mit unserer Generation.

ü40

WAS WIR FÜHLEN

KONSUM STATT UTOPIEN – UND WARUM DAS GUT IST

Nach unserem Abendessen rief mich Peter am nächsten Morgen an:

Er: »War nett gestern bei euch. Beim Einschlafen habe ich mir unser Gespräch nochmals durch den Kopf gehen lassen und da kamen mir die Worte von Schirrmacher in den Sinn, mit denen er vor einiger Zeit für Furore sorgte. Damals sagte er, dass die Babyboomer, also wir, für nichts kämpfen, nichts durchsetzen mussten, da wir so viele sind und dass unsere einzig relevante politische Idee der Neoliberalismus sei. Mensch, sind wir denn wirklich eine Generation voller selbstsüchtiger Versager, die sich in jungen Jahren mit Dauerkonsum beschäftigte und in der zweiten Lebenshälfte Rentensicherung als wichtigste Aufgabe versteht – wie so manche uns immer darstellen? Ideenlos und frei von Werten noch dazu, ein schönes Bild unserer Generation.«

Ich: »Na ja, ganz ehrlich, da ist schon was Wahres dran. Wenn ich über uns nachdenke, fällt mir als Erstes nicht die Rebellion gegen verkrustete Strukturen, Sorge um die Zukunft des Planeten oder Kampf um weltweite Gerechtigkeit und Gleichheit der Chancen ein, sondern Hedonismus, Marketing und Besitzstandswahrung.«

Alles hat seinen Preis, aber kaum etwas hat wirklich einen Wert. Das ist der Nenner, auf den wir das Lebensgefühl der Mittelalten zuspitzen könnten. Denn den größten subjektiven Wert misst man Dingen zu, die rar sind. Und genau das ist der Grund, weswegen unsere Generation nur Weniges wirklich wertschätzt. Schließlich ist es eine Generation, die seit Beginn ihres Lebens Knappheit nicht kannte. Nach Ansicht von Soziologen spiegeln die grundlegenden Wertvorstellungen eines Menschen weitgehend jene Bedingungen wider, die während der »formativen Phase«, also der Jugendzeit, vorherrschend waren. Wer also in einer Situation existenziellen Mangels aufgewachsen ist (z. B. während des Kriegs oder im Nachkriegsdeutschland), wird tendenziell eher materialistische Wertvorstellungen vertreten als jemand, der einen solchen Mangel nicht erfahren hat, wie unsere bereits in jungen Jahren mit Essen, Spielzeug und Möglichkeiten voll versorgte Generation. Wir wurden in unseren Bedürfnissen im Soziologendeutsch nie »frustriert«. Für die Generation unserer Eltern, die solche Bedürfnisse nicht immer oder vollständig befriedigen konnte, wurden sie übermächtig.

Klar, alle, die in absoluter Armut leben und hungrig sind, werden dem Essen die größte Priorität einräumen und das ganze Streben wird darauf ausgerichtet sein, den Hunger stillen zu können. Für so einen Menschen wird das Paradies ein Ort sein, wo es in Hülle und Fülle zu essen gibt, und womöglich wird er für den Rest seines Lebens glücklich sein, solange er nur ausreichend Nahrung hat. Für einen Menschen hingegen, der Hunger nie gekannt hat, nimmt das Essen keinen besonderen Stellenwert ein. Die Tatsache, dass er genug zu essen hat, wird ihn nicht glücklich machen. Stattdessen wird er schmerzlich bemerken, dass andere Bedürfnisse, wie etwa das nach Selbstverwirklichung, nicht erfüllt sind.

Keine Generation vor uns hat jemals so stark sogenannte postmaterielle Bedürfnisse geäußert wie unsere: Selbstverwirklichung, beruflicher Erfolg, Erweiterung des Horizonts, Wertschätzung durch andere, öffentliche Anerkennung sind die Triebfedern unseres Lebens geworden. Neben der beruflichen Leistung spielt auch hier der Konsum eine entscheidende Rolle: Ganz Kinder unserer Zeit sind wir in erster Linie Kunden, die sich bereitwillig von der Werbe- und Marketingindustrie einfangen lassen. Es lassen sich immer wieder neue Bedürfnisse wecken, die natürlich nicht das Produkt zum Gegenstand haben, sondern übergeordnete Werte. Wir konsumieren nicht ausschließlich, um unsere physiologischen Bedürfnisse zu decken, auch geistige, ästhetische und kontemplative Bedürfnisse und der Wunsch dazuzugehören werden mit Cash und Kreditkarte verwirklicht. Wir kaufen Konzertkarten für Hunderte von Euro, Bücher und CDs und downloaden sie in ungeheurer Menge, genauso wie Games und Filme, wir buchen Yogakurse und reisen zu Schweigeseminaren.

Selbstverwirklichung bedeutet in erster Linie, dass wir unsere individuellen Bedürfnisse über alles andere setzen. Unsere Hauptanstrengung ist das Optimieren unserer Persönlichkeit, sei es durch Bildung, Fitnessstudios, Psychotherapie oder anderes. Wir basteln an uns wie an einem Produkt, um einen möglichst hohen Marktpreis zu erzielen. Für Utopien ist da wenig Platz, für soziale Einstellung nur insoweit, als sie unserer Generation oder Gruppe nützt.

»Aber vielleicht ist das ja auch der Grund, warum es uns in Deutschland gerade so gut geht?«, sagte ich in den Hörer hinein.

Zugleich stellte ich mir die Frage selbst. Und war mir in diesem Augenblick sicher: Es ist Zeit für eine Verteidigung dieser viel kritisierten Generation. Kulturkritiker warnen vor einer Abnahme der Bindung an Religion und Kirche, beklagen die schwindende Akzeptanz der Beschränkung individueller Freiheiten durch Normen, Hierarchien oder Autoritäten, den Bedeutungsverlust klassischer Tugenden wie Höflichkeit, gutes Benehmen, Pünktlichkeit, Ordentlichkeit, Sauberkeit, Sparsamkeit, die Ablösung der bürgerlichen Leistungsethik durch zunehmende Freizeitorientierung und den Rückgang von Gemeinschaftssinn und Engagement in politischen Gemeinwesen.

Allerdings kann der Verlust dieser Tugenden gar nicht beobachtet werden. Und aus der steigenden Toleranz gegenüber diversen Minderheiten folgt, dass Selbstentfaltung keinesfalls Egoismus und Verantwortungslosigkeit bedeutet.

Also genug mit der Schelte: Es ist mit den Babyboomern eine Gesellschaft entstanden, die für Arbeitsplätze sorgt, und gerade die Konsumfreudigkeit sichert diese Arbeitsplätze und damit den nicht zu leugnenden allgemeinen Wohlstand. Es herrscht hoher Respekt gegenüber individuellen Lebensentwürfen. Gleichstellung von Homosexuellen, Integration von ethnischen und religiösen Minderheiten, offene Meinungsäußerung auch manchmal bis zur Schmerzgrenze, eine Vielzahl unterschiedlicher kultureller Ausdrucksformen, politische Stabilität – das alles ist dieser Generation zuzurechnen und das ist zumindest in Deutschland historisch einzigartig.

Das weitverbreitete Streben nach individuellem Glück via Konsum hat gelegentlich auch seine Schattenseiten. Hin und wieder regiert die nackte Gier nach mehr (und das nicht nur in den Vorstandsetagen der Banken). Aber: Mag es auch Steuerhinterziehung, Vetternwirtschaft und Korruption geben, das sind verkraftbare Begleiterscheinungen einer liberalen Gesellschaft.

Das Schöne an dieser Generation ist, dass sie Utopien abgeschworen hat – seien es faschistische, kommunistische oder religiöse –, und die Hoffnung besteht, dass dies auch so bleibt, solange materielle Bedürfnisse abgedeckt bleiben. Auch dazu trägt der oftmals so verdammte Konsum bei. Eine Gesellschaft, die über die Verfolgung des Eigeninteresses zu einem freiheitlichen und funktionierenden, pluralistischen und bunten Gemeinwesen kommt, ist zu beneiden (oder sind der arabische Raum, China und Indien attraktivere Modelle?) und entspricht in vielerlei Hinsicht dem, wovon die alten Gründerväter des Kapitalismus und der Marktwirtschaft träumten: Aus privaten Lastern werden öffentliche Wohltaten. Die Lenkung durch anonyme Marktprozesse ist totalitären politischen Systemen auf jeden Fall vorzuziehen. Spekulation hin oder her, die großen Verbrechen wurden im Namen großer hehrer Ideen begangen – von der Französischen Revolution über Hitler und Stalin bis zu den Roten Khmer.

Jede Gesellschaft produziert Gewinner und Verlierer, aber der entscheidende Unterschied heute ist, dass auch die Verlierer ein relativ sicheres Leben führen können. Und keiner kann bestreiten, dass radikale politische und religiöse Vorstellungen, die Gleichheit und Gerechtigkeit zwar einforderten, aber dieses Versprechen nie einlösten, heute eher verdächtig und wenig attraktiv wirken. Und das ist gut so: Diese tolerante, wohlhabende Gesellschaft ist ein einzigartiges Produkt aus politischem Pragmatismus und ökonomischer Effizienz, was will man also einer Generation vorwerfen, deren größtes Versagen es ist, sich ab und an in einem ethischen und moralischen Graubereich zu bewegen. Das kann man alles mit dem Strafgesetzbuch regeln. Und die Hinterlassenschaft für die Generationen der Kinder und Enkel lässt sich sehen, nämlich eine funktionierende Infrastruktur, ausgezeichnete (Aus-)Bildungsmöglichkeiten, Frieden, Toleranz und öffentliche Ordnung – und dass nicht alle Arbeitsplätze gleich mit jungen Menschen gefüllt werden, ist der Tribut an die allgemein gestiegene Lebenserwartung. Ich bin froh, konsumieren zu können und vor allem unter verschiedensten Möglichkeiten wählen zu können, ich bin froh, dass mir von keiner Seite politische Ideen oder religiöse Gedanken aufgezwungen werden, froh darüber, dass meine Söhne die Möglichkeit haben, Ethikunterricht zu wählen, dass es keine Wehrpflicht gibt und wir jederzeit die Freiheit haben, all unsere Gedanken frei zu äußern und alles andere privat zu halten, was wir nicht äußern wollen.

Welche Generation hatte jemals diese Gelegenheit? Mag sein, dass wir das alles nicht erkämpft haben, aber wir haben es ausdiskutiert und am Leben erhalten – keine kleine Leistung, oder?

ALTE UND NEUE MEDIEN – VOM DUAL-PLATTENSPIELER ZUM DOWNLOAD

Wir sind die erste Generation, die mit Medien der unterschiedlichsten Form groß geworden ist. Klar kannten auch unsere Eltern schon Radios. Wer erinnert sich noch an die

Grundig-Empfänger im schicken Nussbaum-Look, die langsam vorglühten und ein großes Rad zur Sendereinstellung hatten? Und wer kennt nicht die allwöchentliche Schlagerparade und den Kultstatus, den Radio Luxemburg genoss? Fernseher gab es in den meisten Haushalten auch schon, zuerst nur in Schwarz-Weiß, erst in den späten 60ern kamen dann die Farbfernseher und wir freuten uns wie die Schneekönige, wenn das Eurovisions-Signal in Farbe uns ›Einer wird gewinnen‹ ankündigte. Von medialer Dauerberieselung waren wir mit drei öffentlich-rechtlichen Sendern, die erst ab dem frühen Nachmittag ausstrahlten, zwar noch entfernt, doch keine andere Generation lernte so viel über die Welt aus den Medien wie unsere: Vom Vietnamkrieg bis zum Fall der Mauer, wir waren immer live dabei mit ARD und ZDF. Es war zudem die Zeit der großen Innovationen, wir hatten Spaß mit ›Wünsch Dir was‹, ›Spiel ohne Grenzen‹ oder ›Am laufenden Band‹. Trotz RAF-Terror und Nato-Doppelbeschluss sah die Welt sicher und überschaubar aus – zumindest auf der Mattscheibe.

Auch das Radio hatte großen Einfluss auf mich: Ich erinnere mich gut, wie ich als 15-Jähriger voller Spannung auf die Sendungen ›Club 16‹ und später ›Zündfunk‹ vom Bayerischen Rundfunk oder auf die ›Musicbox‹ auf Ö3 wartete. Vor mir mein Vierspur-Tonbandgerät von Uher, der Finger auf dem Startknopf. Oder wie Freddy Mercury es in seinem Song ›Radio Ga Ga‹ beschrieb: »I'd sit alone and watch your light/ My only friend through teenage nights./ And everything I had to know /I heard it on my radio!« Für mich waren das vor allem die Songs, die mich und meine Generation prägen und verändern sollten: ›Whole Lotta Love‹ von Led Zeppelin, ›All Along The Watchtower‹ von Jimi Hendrix oder ›Crossroads‹ von The

Cream und ›Born To Be Wild‹ von Steppenwolf. In die miefigen Wohnungen der 60er-Jahre, mit Gardinen und Plastiktischdecken, wehte plötzlich ein frischer Wind, der Freiheit, Abenteuer und Aufregung versprach. Und mit jedem Song, den wir hörten, stieg unsere Lust auszubrechen und genauso zu leben wie Rockstars. Ich erinnere mich noch genau, wie einer meiner Freunde in der 8. Klasse uns stolz seinen ersten Joint präsentierte, das muss 1971 gewesen sein.

Aber zurück zur Musik! Wir wurden Fans. Wir durchstöberten die großen Plattenläden der Vergangenheit (WOM, schon mal gehört?) nach den neuesten LPs (klingt auch schon komisch) oder den damals angesagten Doppelalben, trugen dann unsere Schätze mit den merkwürdigen Namen wie »Iron Butterfly« oder »Quicksilver Messenger Service« nach Hause, packten sie vorsichtig auf die Braun-Anlage oder den unvermeidlichen Dual-Plattenspieler, wischten die schwarzen Rillen liebevoll mit einem Tuch ab, spielten sie dann trocken oder nass (Glaubenssache!) ab und erwarteten nichts anderes als die Offenbarung. Rockmusik oder auch andere Arten der Populärmusik waren weit mehr als nur Musik, sie waren Ausdruck der Persönlichkeit, politisches Statement und Religionsersatz in einem. Wer die »richtige« Musik hörte, war cool und gehörte dazu, alle anderen mussten draußen bleiben.

Fast genauso wichtig waren gedruckte Medien. Mit dem Aufstieg der Konsumgüterindustrie und den überbordenden Werbegeldern kamen immer neue und immer mehr Zeitschriften auf den Markt, die Themen präsentierten, die vorher in deutschen Wohnzimmern tabu gewesen waren. Homosexualität und Paragraf 218, Kommune 1 und Oswalt Kolle. Die Illustrierten ›Stern‹, ›Bunte‹ und ›Quick‹ wurden zu deutungsmächtigen Begleitern der Veränderungen in Deutschland von den 60er- zu den 80er-Jahren. Und sie versorgten uns auch mit einer komplett neuen Ästhetik. Mit der Werbe- und Modefotografie dieser Jahre nahm der Styling- und Schönheitskult unserer Zeit so richtig an Fahrt auf. Vieles von unserem Wissen holten wir aus dem ›Spiegel‹, der uns eher links orientierten Gymnasiasten die passende Argumentations- und Diskussionsgrundlage verschaffte. Mit ›Geo‹ lernten wir die Welt und die Wissenschaft ein wenig besser kennen, unverzichtbar waren auch Musikmagazine wie ›Sounds‹, und für Aufklärung sorgte Dr. Sommer aus der ›Bravo‹.

Im Vergleich mit den medialen Angeboten der Jetzt-Zeit klingt das natürlich spartanisch, aber damals war es viel für uns. Jedes neue Magazin wurde sofort im Supermarkt oder am Kiosk durchgeblättert und mit Freunden diskutiert. Wir wollten immer das Neueste. Wir verstanden uns als Avantgarde und wollten das auch immer bleiben.

Ein vergeblicher Anspruch: Keine Generation kann immer vornedran bleiben, irgendwann überholen einen die Jüngeren. Schließlich muss es immer weitergehen. Doch so ganz schlecht haben wir uns in dieser Hinsicht nicht geschlagen. Bei jeder Innovation waren wir als brave Konsumenten und Vorantreiber des Bruttosozialprodukts mit dabei. Ganz egal, ob es um Hardware oder Software ging. Wir stiegen von den Tonbandgeräten auf Kassettenrecorder um – ein Quantensprung mobiler Mediennutzung war die Stereoanlage im Auto (die Kenwood- und Pioneer-Aufkleber belegten das), die oft teurer war als das ganze Fahrzeug. Wir kauften uns Sonys Walkman und später, als die CD ihren Siegeszug begann, auch gleich den DiscMan, obwohl wir zu dieser Zeit noch gar nicht joggen gingen oder Kurse im Fitnessstudio belegten.

Überhaupt, die CD – anfangs waren wir noch ein bisschen zögerlich, unsere geliebten Vinyl-Exemplare in den Keller zu packen, doch bald sahen wir den Vorteil – wir konnten noch mehr Musik in unsere Wohnungen stellen und die Klangqualität, ach ... und endgültig musste man sich über nass oder trocken abspielen keine Gedanken mehr machen. Wir kauften weiterhin jedes neue Magazin, das den Kiosk eroberte, freuten uns an der bunten Werbewelt der privaten Fernseh- (›Tutti Frutti‹?!) und Radiosender (Energy?!), ersetzten die uns lieb gewordenen Schreibmaschinen durch klobige Computer der ersten Generation. C64 – was für ein Name. Und erst das Design, das kaum von einer alten, grauen Schreibmaschine zu unterscheiden war. Fleißig spielten wir die Olympiade bei Summer- und Winter-Games nach. Wir belegten Computerkurse und fühlten uns wie Helden, als die ersten Versuche in Programmiersprache auf dem Bildschirm flackerten. Wir kauften die ersten Anrufbeantworter und Faxgeräte, als die Post (nicht die Deutsche Telekom) noch ein Monopol darauf hatte und Fremdkäufern und Schwarznutzern mit Haftstrafen drohte. Wir schafften uns die ersten mobilen Telefongeräte an, als sie noch groß und schwer wie ein Walkie-Talkie waren.

Irgendwann waren wir auch drin, ohne dass wir es merkten (im Internet, mit Boris Beckers Hilfe), und ohne vorerst zu wissen, was wir da eigentlich sollten. Und klar switchten wir bald zu Apple, denn die waren einfach schicker als alle anderen. Der Apfel, das ist unsere Generation – ein Unternehmen mit hohem Innovations- und Designanspruch und dabei sehr stark auf sich selbst bezogen ... Wie gesagt, wir waren immer vorne dran. Wir verhalfen Nokia vom Gummistiefelproduzenten zum Mobiltelefonriesen und wieder zurück, als wir uns für Googles Android und Samsung begeisterten.

Klar sind wir keine Digital Natives, aber innovationsfreudig, wie wir aufwuchsen, haben wir heute kein Problem damit, Filme oder Musik downzuloaden, mit Freunden rund um die Welt zu skypen, auf dem Tablet Bücher zu lesen oder »Pflanzen gegen Zombies« zu spielen. Wir machen nicht alles mit – im Gegensatz zu unseren Kindern stellen wir keine kompromittierenden Fotos auf Facebook ein. In der Regel haben wir ein Herz für arme Hollywood-Schauspieler und schlecht verdienende Popstars – und kaufen bei Amazon und iTunes fleißig ein, statt schwarz aus dem Netz zu laden. Wenn unsere Kinder von »Angry Birds« und »Temple Run« sprechen, wissen wir, was gemeint ist – und wir spielen auch gerne auf dem iPad oder iPhone mit.

Überhaupt: Ohne unsere Smartphones könnten wir unser Leben gar nicht meistern; unvorstellbar, wie wir früher Termine vereinbaren konnten, wie wir regeln konnten, wer wen von der Schule oder vom Kindergarten abholt, welche Hausaufgaben gemacht werden müssen, wann wir zum Essen eingeladen sind. Soll keiner sagen, dass die dauernde Erreichbarkeit und die dauernde Möglichkeit, andere zu erreichen, ein Problem wären. (Meine Frau sieht das allerdings ein bisschen anders, siehe Seite 65). Die Zeit, die wir der elektronischen Kommunikation widmen, fehlt uns natürlich anderswo: Die sparen wir bei Tätigkeiten ein, die gemeinhin überschätzt werden: Gespräche mit dem Partner, Sex, Bücher und Zeitungen lesen.

Im Ernst: So ist es nicht. Natürlich nutzen wir Medien heute ganz anders, als wir es früher getan haben, und auch ganz anders, als die meisten unserer Eltern es tun – irgendwann haben die den Schritt in die neue, schöne digitale Welt nicht mehr mitgemacht. Im Wohnzimmer meiner Eltern war kein Videorecorder (zu schwer zu programmieren) und ist kein DVD-Player zu finden, kein CD-Player und kein Computer. Das einzige Zugeständnis an die neue Technologie ist ein kleines Siemens-Handy, das aber ausschließlich zum Telefonieren genutzt wird. Andere Funktionen erregten zwar gewisses Interesse – »Was bedeutet der kleine Briefumschlag?« –, doch trotz dutzendfachen Erklärens warte ich noch heute auf eine kleine Kurznachricht. Meine Mutter dazu lapidar: »Technisch bin ich nicht so begabt.« Das Gleiche gilt auch für den wichtigsten Schnittpunkt zur Außenwelt: den Fernseher. Wehe, wenn aus irgendeinem Grund Programme neu eingestellt werden müssen ...

Was das Fernsehen betrifft, hat sich unsere Generation doch stark davon entfernt. An die Sinn- und Ernsthaftigkeit, Wahrheit und Glaubwürdigkeit der dort verbreiteten Informationen glauben wir schon lange nicht mehr, und auch von der Unterhaltung haben wir uns weitgehend abgewandt. Wer will sich in Zeiten permanent verfügbarer bewegter Bilder noch von festen Sendeplätzen und Werbeunterbrechungen den Abend verderben lassen? Unsere Abonnements von Magazinen haben wir stark runtergefahren, für die ›Süddeutsche‹ und die ›Zeit‹ haben wir noch Muße, alles andere holen wir uns aus dem Netz.

Wir sind also auch in dieser Hinsicht mitten im Leben. Über Dinge wie vergrößerte Displays oder zu kleine Tasten lachen wir noch, nichts turnt uns mehr ab als sogenannte Best-Ager-Produkte mit Riesendisplays. Mögen unsere Augen auch nachlassen und die Sensibilität der Fingerspitzen abnehmen, wir bleiben ganz nah am Puls der Zeit.

Jeder vierte Deutsche zeigt sich aufgeschlossen gegenüber Wunder- und Geistheilern, gut 40 Prozent der Bevölkerung halten etwas von Astrologie oder New Age, mehr als die Hälfte äußern Sympathie für Anthroposophen und Theosophie – das sind die Zahlen der Allgemeinen Bevölkerungsumfrage der Sozialwissenschaften (Allbus). Es geht ein Ruck durch die deutschen Seelen – ein esoterischer. Denn die Kirche als Glaubensinstitution passt so gar nicht mehr zu der freien Lebensführung und -entfaltung unserer Zeit. Glaube, der soll flexibel sein, wie die neuen Arbeitszeiten. Schutzengel sollen bei Liebeskummer helfen, Halbedelsteine im Wasser mehr Energie verschaffen und Handauflegen die Karriere pushen. In Deutschland setzt die Esoterikindustrie geschätzte 20 bis 25 Milliarden Euro pro Jahr um. Zum Vergleich: Die Bierindustrie hierzulande macht jährlich einen Umsatz von neun Milliarden Euro. Ratgeberbücher zu den Themen Psychologie, Esoterik, Spiritualität, Anthroposophie verkaufen sich hervorragend – der Anteil am Gesamtumsatz liegt laut Börsenverein des Deutschen Buchhandels bei rund zehn Prozent. Die Okkultismusforscherin und Präsidentin der Universität Augsburg Sabine Doering-Manteuffel sagte gegenüber der ›Zeit‹: »Ich beobachte eine stille spirituelle Revolution, die sich über Europa ausbreitet. Hier werden Weltbilder verändert wie in keiner Missionsphase der europäischen Geschichte zuvor.«

Woher kommt die Vorliebe für Übersinnliches? Wo sind die Leitsätze der Aufklärung hin? Sind Verstand und Wissenschaft außer Mode? Vielleicht liegt es an der Selbstbezogenheit, die in unserer Generation stärker ausgeprägt ist als in den Generationen zuvor. Auch die gesuchte Unabhängigkeit von autoritären Glaubensinstitutionen entspricht den Middle-Agern, für die der gelebte Freiheitsbegriff Priorität hat. Esoterik, da passt vieles hinein, und jeder kann sich seine Glaubenssuppe zusammenmixen, die dem eigenen Ego dient. Wir suchen uns selbst aus, woran wir glauben. Autoritäten sind out. Wir wollen uns zu nichts verpflichten.

Das soll jetzt nicht heißen, dass unsere Generation egoistisch ist, nein, sie kümmert sich um ihre Nächsten, spendet, arbeitet ehrenamtlich, hilft, setzt sich ein. Aber zugleich wurde die »Suche nach dem Selbst«, die Frage nach dem »Wer bin ICH?« immer stärker in unserer Generation. In esoterischen Praktiken wie Astrologie, Pendeln, Tarot, Reinkarnation usw. finden wir eine intensive Beschäftigung mit dem Selbst. Jeder Einzelne steht im Mittelpunkt. Viele Philosophen bezeichnen die Abwendung von Weltanschauungen, die einen Anspruch auf Letztgültigkeit haben, und die Zuwendung zur Esoterik als transzendentale Obdachlosigkeit. Ich denke, dass sich die Trennung zwischen Seele und Vernunft, wie sie die Aufklärer propagierten, in unserer Generation und Zeit nicht länger leben lässt. Denn wir spüren, dass wir bei allem, was wir wissen, erfahren und erkennen, trotzdem noch starken Klärungsbedarf haben bei Fragen, auf die die Wissenschaft eben immer noch keine Antworten gibt. Ob man die allerdings in Tarotkarten findet, muss jeder für sich entscheiden. Fest steht: Neu ist die Idee nicht, Glaube und Wissen zusammenzufügen. In der Kultur des Abendlandes war dies gang und gäbe. Der Mathematiker Pythagoras beispielsweise glaubte an Seelenwanderung. Diese Tradition der Innerlichkeit beschäftigt uns heute mehr denn je.

Spätestens nach Erreichen der 40er-Grenze denkt man

über die Endlichkeit der eigenen Existenz nach. Und den Sinn des Daseins. Mit 50 stellt sich jeder von uns (d. h. meiner Freunde und Bekannten) einige Fragen, von denen ein nicht geringer Teil verdient, beunruhigend genannt zu werden. Dies ist der simplen Beobachtung geschuldet, dass der Teil des Lebens, auf den wir zurückblicken können, deutlich länger ist als der, den wir noch erwarten dürfen. Das ist das eine. Und das andere ist die gefühlte Beschleunigung der Zeit: Ein Jahr verging mit 15 oder 20 deutlich langsamer als mit 45 oder 55.

Vergleicht man das Leben mit einer Party, ist uns nur zu bewusst, wie schnell diese kurzweilige Veranstaltung vergangen ist. Zum Greifen nah kommt uns die Zeit vor, in der wir uns auf dieses Fest gefreut haben (unsere Zeit als Kinder und Jugendliche scheint gestern erst vorbei gewesen zu sein, das frühe Erwachsenenzeitalter und die Jahre um die 30 sind so präsent), und plötzlich meinen wir schon an einem Punkt zu sein, wo die Musik leiser gestellt wird (ob durch Tinnitus, Gehörsturz oder anderes bedingt) und die ersten Gäste bereits gegangen sind (Herzinfarkte, Krebserkrankungen und Schlaganfälle im Freundes- und Bekanntenkreis). Wir schauen immer nervöser auf die Uhr, ob bald das Licht eingeschaltet wird und die Stühle auf den Tisch gestellt werden. Und wir weniger freundlich, aber dafür umso bestimmter aufgefordert werden, uns auf den Weg zu machen. Nach Hause oder wohin? Und: Wer kann uns auf diese Frage eine Antwort geben? Die Kirche schafft das schon lange nicht mehr, da sie für vieles steht, das sich mit dem Lebensentwurf unserer Generation nicht vereinbaren lässt: Da wäre vor allem die verquere Haltung gegenüber Homosexualität und Abtreibung – und die Missbrauchsfälle in den kirchlichen Einrichtungen haben das Verhältnis zu dieser religiösen Institution auch nicht gerade entspannter werden lassen. Also schauten wir uns um – und fanden vor allem in den Ruhe-Zeremonien und der Achtsamkeitslehre der fernöstlichen Glaubenswelten einen Anker.

Wir Middle-Ager wissen so viel über Buddhismus, Hinduismus, Feng Shui, Qi Gong, Traditionelle Chinesische Medizin oder Anthroposophie wie keine Generation zuvor. Viele unserer Freunde nehmen an Schweigeseminaren in buddhistischen Klöstern teil oder suchen einen indischen Guru auf, unsere Nachbarn gestalten ihren Garten nach Feng-Shui-Prinzipien, Yoga, Tai Chi und Qi Gong sind für uns Sportarten wie für unsere Eltern Tennis oder Tanzen. Auch Themen wie der Tod, das Sterben, der Sinn des Lebens, der Grund des Daseins werden von unserer Generation inzwischen nicht mehr tabuisiert. Wir reden jetzt offen und öffentlich darüber, stellen Fragen und suchen nach Antworten.

Ganz ehrlich: Früher haben wir uns nicht wirklich ernsthafte Gedanken über unser Leben gemacht: Bis 30 war alles ein einziges Vergnügen, danach waren Karriere und Familie die entscheidenden Triebfedern, jetzt blicken wir ein wenig angespannt zurück und fragen uns: War es das schon? Und genauso angespannt nach vorn: Kommt da noch was? Und ohne dass wir das eigentlich wollen, haben wir in dieser mutlosen Phase der Lebensmitte dem Alter die Tür geöffnet und beschäftigen uns mit dem Tod – nicht als abstraktes Phänomen oder etwas, das Großeltern, Eltern und andere Menschen betrifft, sondern als uns direkt berührendes Thema.

Oder wie John Lennon es formulierte: »Instant Karma's gonna get you / ... Pretty soon you're gonna be dead.«

Vor einigen Wochen traf ich auf einer Veranstaltung einen alten Studienkollegen. Wir kamen auf die vergangenen Uni-Zeiten zu sprechen und er erzählte mir, dass unser alter Professor kürzlich verstorben sei. »Weißt du, kurz vor meinem 50. Geburtstag habe ich das erste Mal gefühlt, dass ich irgendwann sterben werde. Klar wissen wir alle, dass hier keiner lebend rauskommt, aber es ist doch erstaunlich, wie sehr wir das verdrängen können«, sagte Bernhard weiter.

Da hatte er recht, denn solange wir jung sind, verbannen wir perfekt alles, was mit Tod zu tun hat, aus unseren Gedanken und unserem Alltag: Krankheit und Tod spielen sich in Krankenhäusern und Hospizen ab, Leichenwagen fahren in der Regel nur nachts. Dafür beschäftigen wir uns vielleicht zu lange mit Dingen, die nicht wirklich essenziell sind. Irgendwann kommt der Moment des Erwachens und dann ist es für vieles zu spät. Darüber hat die Australierin Bronnie Ware ein interessantes Buch geschrieben. Die Krankenpflegerin notierte, was Menschen bewegt, wenn sie dem Tod entgegensehen. In den letzten Tagen und Stunden hörte sie vor allem Reue und Selbstvorwürfe, ihre Patienten quälten sich mit vermeintlich falschen Entscheidungen und späten Erkenntnissen. Fünf Versäumnisse wurden besonders häufig beklagt:

Zu viel gearbeitet zu haben.

Sich zu wenig um seine Freunde gekümmert zu haben.

Sich selbst nicht zugestanden zu haben, das Leben stärker zu genießen.

Sich zu sehr nach den Bedürfnissen anderer gerichtet zu haben.

Seine Gefühle zu wenig artikuliert zu haben.

Natürlich gibt es gute Gründe, warum gerade diese Punkte am Lebensende eine Rolle spielen: Von Beginn an, von Kindergarten über Schule und Studium bis zur Arbeitswelt werden wir gezwungen, uns anderen Menschen unterzuordnen oder in bestimmte Strukturen einzuordnen. Eltern, Kindergärtner und Lehrer sagen Kindern nicht nur, was sie essen, lernen oder machen sollen, sondern auch noch, wann, wo und wie lange sie das tun sollen. Gefühlsäußerungen wie Zorn und Wutausbrüche werden konsequent abtrainiert, weil sie das soziale Gefüge stören und mit dem Selbstbild bzw. Nervenkostüm der Erziehungs- und Sorgeberechtigten kollidieren. Oder wie es Cat Stevens einst so wunderbar in ›Father and Son‹ artikulierte: »From the moment I could talk I was ordered to listen.«

In der Lebensmitte wird möglicherweise eine Verschiebung der Schwerpunkte notwendig. Immer mehr zu arbeiten, um sich immer elaboriertere, nutzlosere und überflüssige Dinge leisten zu können, ist sicher der falsche Weg. Der Lebensgenuss stellt sich eher durch das Zusammensein mit anderen Menschen, durch Freude an der Natur, der eigenen Bewegung oder künstlerische Aktivität ein oder vielleicht einfach durch Ruhe, Muße und Kontemplation. Der Schweizer Psychoanalytiker C. G. Jung erkannte das ganz genau: »Wir können den Nachmittag des Lebens nicht nach demselben Programm wie den Morgen leben, denn was am Morgen viel ist, wird am Abend wenig sein. Und was am Morgen wahr ist, wird am Abend unwahr sein.«

Bronnie Ware hat daraus die Konsequenz gezogen. Sie hat ihren Job als Krankenschwester an den Nagel gehängt, um zu schreiben, zu komponieren und zu singen. Für viele Menschen sind die mittleren Jahre die Chance, »to start all over again«, für viele ist es, als ob sie ein zweites Leben geschenkt bekämen. Oder wie Friedrich Nietzsche es formulierte: »Oh Lebens Mittag! Zweite Jugendzeit!«

Je deutlicher wir der Endlichkeit unseres Lebens gewahr werden, desto bewusster leben wir. Die in der Pubertät oftmals abgebrochene Phase der Sinnsuche wird wieder aufgenommen. Dabei kann diese sich auf ganz unterschiedlichen Wegen entfalten: Während es die Frau eines Freundes mit Anfang 50 zum Tangokurs zieht, ein anderer mit Mitte 40 plötzlich anfängt Halbmarathons zu laufen, schätzen wieder andere das Treffen mit buddhistischen Mönchen und indischen Gurus. Sinnsuche ist für unsere Generation wichtiger denn je, denn die Jahre ab 40 rufen uns ganz deutlich ins Bewusstsein, dass wir viele unserer Träume und Erwartungen noch nicht eingelöst haben.

Auch wenn es ein Widerspruch ist – spirituelle Lehren und Angebote werden von unserer konsumgewohnten und -freudigen Generation oft einfach nur »konsumiert«. Das hübsche Retreat in den Schweizer Bergen oder im indischen Himalaya mit allen Annehmlichkeiten lässt die Message des Verzichts, der Demut und der Selbstfindung leichter annehmbar machen, vor allem, wenn im Anschluss eine wunderbare Rundreise geplant ist. Aber hinter aller Oberflächlichkeit verbirgt sich in unseren Jahren doch der Wunsch, noch einmal neue Wege zu gehen und unserem Leben eine tiefere Dimension zu verleihen. Sei es durch metaphysische Erkenntnis, soziales Engagement oder einfach, indem wir uns damit auseinandersetzen, was im Leben wichtig ist. Wir ziehen eine Art Zwischenbilanz und davon abhängig, wie diese ausfällt, versuchen wir unser Leben neu zu justieren. Dazu reicht oftmals eine Strategie nicht aus: Wir ändern unser Leben in vielerlei Hinsicht, auch weil unser Leben sich in vielerlei Hinsicht verändert: Eltern werden krank oder sterben, Kinder verlassen das Haus, Partnerschaften enden genauso wie langjährige Jobs, unsere körperliche und geistige Leistungsfähigkeit ist eine andere als früher, unsere Einstellung zu anderen Menschen und zum Leben allgemein unterliegt einem Wandel.

Wir beschäftigen uns nicht mehr so sehr damit, was wir alles lernen, aufnehmen und bekommen könnten, sondern damit, wie wir einen Teil unserer Erfahrungen anderen Menschen zur Verfügung stellen können. Weitergeben und Frieden schließen mit den eigenen Unzulänglichkeiten heißt das Motto.

UNSERE PSYCHE – DIE STIMMUNG STEIGT!

Ich bin jetzt Mitte 50. Aber ich bin nicht alt, jedenfalls fühle ich mich weit jünger. Erspare ich mir den morgendlichen Blick in den Spiegel, glaube ich nicht viel älter als 35 zu sein. Ich habe noch den gleichen Kleidungsstil und Musikgeschmack wie damals. Klar komme ich morgens nicht mehr so gut aus dem Bett wie früher, einmal zwickt es hier und zwackt es da und an nächtelange Partys möchte ich nicht mal mehr denken. Dafür verdiene ich mehr Geld und habe es auch weiter gebracht als ich mit 20 Jahren geglaubt habe.

Bin ich alt oder noch jung? Gehöre ich vielleicht der Generation an, die man gemeinhin als Berufsjugendliche bezeichnet? Manchmal denke ich, dass ich die klassische Phase des Erwachsenseins einfach übersprungen und mich erfolgreich dagegen gewehrt habe, Verantwortung zu übernehmen. Und jetzt wache ich auf und habe Angst vor Alter und Tod.

Nein, so schlimm ist es nicht. Was mir aber zu schaffen macht, ist, dass alles so vorhersehbar scheint, dass die Optionen immer weniger werden. Werde ich noch mal umziehen? Komme ich in meinem Leben noch nach Afghanistan und Tibet? Mache ich noch einen Karriereschritt? Schreibe ich den Roman noch? Wenn ich zurückblicke, sehe ich einen jungen Mann, der viele Träume hatte, viele Wünsche, viele Zukunftsfantasien. Interessanterweise denke ich nicht an glatte, faltenfreie Haut, einen schlanken Körper und erheblich mehr Fitness als heute. Wenn ich an die Zukunft denke, dann sehe ich nur: Man wird niemand mehr. Man ist schon jemand geworden.

Wie gehe ich damit um? Altern in Würde – das hatte ich mir schon als Jugendlicher vorgenommen, als der ›Steppenwolf‹ mein Lieblingsbuch war und ich mich bereits so erfahren fühlte, als wäre ich 50. Das Alter akzeptieren und nicht dagegen angehen, den Ist-Zustand annehmen, das fällt mir und meiner Generation in jeder Hinsicht schwer und in dieser ganz besonders. Der britische Forscher Aubrey de Grey (was für ein Name: Klingt doch stark nach Dorian Gray, der Romanfigur, die stellvertretend lieber ihr Selbstporträt altern ließ) behauptete in einer Diskussion, dass wir das Altern wie eine Krankheit bekämpfen müssen, und scheint damit einen Nerv getroffen zu haben: Über eine Million Mal wurde diese Debatte im Internet angeklickt. Aber wer will schon dauernd kämpfen. Und unsterblich werden? Dass das nichts bringt, wissen wir doch aus Vampir-Filmen. Vampire werden irgendwann kreuzunglücklich und langweilen sich (zu Tode, kann man nicht schreiben, sie sind ja schon tot) endlos, weil alles sich permanent wiederholt. Da hilft auch kein blutiger Biss, irgendwann wird man selbst der längsten Party müde. Gerade hat es noch Spaß gemacht und plötzlich ist man so erschöpft, dass man nur noch ins Bett will. Oder eben in die Gruft. Noch mal zurück zu Dorian Gray und den Schönheitschirurgen dieser Welt: Wenn nur die äußere Hülle intakt bleibt, aber das Innenleben verfällt, verkommt und verblüht, ist auch nichts gewonnen. De Grey meint, dass irgendwann Pillen auf den Markt kommen, die einen auf einem mittleren Alterslevel einpendeln. Würden wir das wollen? Eher nicht.

Na gut, was bleibt uns Berufsjugendlichen denn dann für eine Alternative? Kann man mit Mitte 40 oder Anfang 50 immer noch die neueste Seven Jeans tragen, sich an Adele oder P!nk erfreuen, immer noch in die nächste angesagte Bar rennen? Klar kann man. Mit 40 gehört man fast noch dazu, da ist das kein Problem. Und auch 50-Jährige, die sich gegen ihr Alter auflehnen, sollte man nicht belächeln: Wenn sie einen jungen Mann oder eine junge Frau anflirten, die Haare färben, sich ein Motorrad oder ein Cabrio zulegen, so what? Wir sind so alt, wie wir uns fühlen, und wenn die Seele noch jung ist, dann wollen wir das auch ausleben. Ein besserer Zeitpunkt wird nicht mehr kommen.

Wir werden so spät erwachsen, dass wir uns irrtümlicherweise noch mit 45 Jahren für jung halten, sagt der Kolumnist Harald Martenstein. Und: Unser heutiges Leben besteht aus sehr viel Jugend und sehr viel Alter. Das Hochplateau unseres Lebens aber, auf dem wir im Vollbesitz unserer Kräfte sind, Kinder großziehen, vielleicht Karriere machen, ist bei vielen ziemlich klein. Es sind gerade mal 20 Jahre – von 30 bis 50 – von mit ein bisschen Glück 90 Jahren.

Unsere Träume sind weg, aber dafür haben wir vieles andere gewonnen: Wir haben uns mit uns selbst abgefunden. Ich kenne meine Stärken und Schwächen, ich weiß, was ich kann und was nicht, was mir wichtig ist und worauf ich gut verzichten kann. Wir können unsere Partner, Freunde, Kollegen und auch Fremde besser einschätzen, als wir das jemals konnten. Wir haben gelernt, schöne Erfahrungen wirklich wertzuschätzen, wir wissen, wie knapp die Zeit ist und wie selten Glück bringende Momente sind, sodass wir sie, wenn sie eintreten, jetzt auch wirklich genießen können. Wir nutzen die Zeit besser und wir sind auch freier als wir früher waren. Klingt paradox, meinen Sie? Haben wir früher nicht gekifft und gekokst, sind mit anderen in die Betten gesprungen und haben keinen Gedanken daran verloren, ob nach diesem Tag noch ein weiterer kommt? Klar, habe ich auch gemacht, aber irgendwie war immer die Angst dabei, es nicht zu schaffen, kein erfolgreiches, glückliches, sinnvolles Leben zu führen. Je stärker die Träume, umso größer die Angst vor dem Scheitern.

Nach 40 bis 50 Jahren hat man gelernt, mit dem Scheitern zu leben, wir wissen, dass wir Dinge hinbekommen, schließlich haben wir ja schon eine Zeit lang gelebt und gearbeitet, und wenn es dann doch einmal schiefläuft, verfallen wir nicht in Panik. Unser Leben wird trotzdem weitergehen. Wenn wir jetzt abstürzen, haben wir ein Netz, wir haben Erfahrungen, wir haben Freunde, wir haben Ersparnisse. Negative Erlebnisse können uns nicht mehr so erschüttern, wie sie es früher getan haben: »The first cut is the deepest« sang einst Cat Stevens (und später Rod Stewart), und das stimmt nicht nur für Liebeskummer.

Dennoch: In diesem Lebensabschnitt gibt es auch immer wieder Phasen von Selbstzweifeln und Mutlosigkeit, die Angst vor Krankheit und Tod wird weniger abstrakt und schmerzhaft konkret. Mit Anfang 40 erleben wir durchaus intensiv beunruhigende Gefühle. Und das ist mitnichten – Midlife-Crisis hin oder her – ein modernes Gefühl. Im 14. Jahrhundert schrieb Dante Alighieri mit Anfang 40 seine berühmte ›Göttliche Komödie‹. Er leitete sie mit folgenden Worten ein: »Es war in unseres Lebenswegs Mitte, als ich mich fand in einem dunklen Walde, denn abgeirrt war ich vom rechten Wege.« Den dunklen Wald sehe ich auch immer wieder vor mir, wenn ich versuche zu antizipieren, was da kommt – Krankheit? Alzheimer? Altersarmut?

»Expect the worst« ist kein schlechtes Motto, aber irgendwann scheinen wir uns gedanklich und gefühlsmäßig eingerichtet zu haben, und dann geht es wieder aufwärts: Für viele Kulturen haben Wissenschaftler herausgefunden, dass die Kurve des Wohlbefindens und Glücksempfindens einen U-förmigen Verlauf besitzt. In der Jugend fühlen sich Menschen stark und zufrieden, ab Mitte 30 nimmt dieses Glücksgefühl stetig ab, bis es mit Mitte 40 einen Tiefpunkt erreicht. Danach steigt es wieder an – die Zufriedenheit mit dem Leben ist bei vielen größer als jemals zuvor. Bei einer Studie mit 8000 Teilnehmern in Deutschland gaben demnach nur fünf Prozent der Befragten an, in der Mitte ihres Lebens verzweifelt gewesen zu sein. Stattdessen berichtete die Mehrheit, dass sie sich insbesondere zwischen dem 50. und 60. Lebensjahr besonders wohl gefühlt hätten. Eine Versicherung in England – Engage Mutual – befragte über 1500 Menschen im Alter von 50 Jahren und älter. Vier von zehn waren der Meinung, zu keinem Zeitpunkt glücklicher gewesen zu sein.

Gehirnforscher erklären sich diesen sogenannten Positivitätseffekt mit Veränderungen unserer Gehirnstrukturen. Der Mandelkern, das Alarmzentrum der Psyche und Sitz vornehmlich negativer Gefühle wie Angst und Aggression, scheint mit zunehmendem Alter weniger intensiv auf Ereignisse oder Bilder zu reagieren. Dies lässt uns emotional stabil sein, Stress ertragen und negative Erfahrungen und Gefühle verarbeiten. Wir gehen positiver mit negativen Botschaften um. Und das ist auch eine Notwendigkeit. Niemals ist die psychische Belastung größer als in der Lebensmitte, in der sich so viel zuträgt wie in keiner anderen Phase des Lebens: Die Kinder sind in der Pubertät oder verlassen das Haus, die eigenen Eltern werden krank oder sterben, Beziehungen und Ehen gehen auseinander und die anspruchsvollste Zeit im Berufsleben bei nachlassender Energie steht zu erwarten. Stress auszuhalten ist also keine nette Begleiterscheinung, sondern eine unbedingte Notwendigkeit. Wir 40- bis 55-Jährigen sind gefordert wie nie. Wenn es eine Rushhour im Leben gibt, dann ist es jetzt.

Die mittleren Lebensjahre sind die große Wende im Leben. Wir entdecken, dass die Zeit und die Möglichkeiten, die uns bleiben, weniger werden. Das verunsichert uns und macht uns ängstlich. Auf der anderen Seite entdecken wir neue Ressourcen und neue Werte.

Der Psychoanalytiker C. G. Jung sprach in diesem Zusammenhang von einem »Mittagsumsturz«, an dem die Sonne ihre Strahlen einziehe, um sich selbst zu erleuchten. Heißt im Klartext: Die Bedeutung der Außenwelt wird geringer, wir wenden uns mehr unserem eigenen Inneren zu, entdecken unsere Persönlichkeit neu und das ist tatsächlich ein Umsturz. Die Lebensmitte ist ein Alter, in dem also ganz besonders gilt: »Du musst dein Leben ändern« wie Rilke es einst formulierte oder wie Bob Dylan sang: »A change is gonna come« (The Times They Are A-Changin').

UNSER CHARAKTER – STABIL, MIT LEICHTER TENDENZ ZUR VERBESSERUNG

Vor Kurzem saß ich in einem Café und lauschte dem Gespräch zweier gut angezogener Herren (vom Typus her dynamischer Rechtsanwalt oder Investmentbanker, Mitte 40 der eine, Kreativer der Werbebranche, Anfang 50 der andere), das sich – unterbrochen von regelmäßigem Handygeklingel – um die zu erwartenden Freuden und Leiden des Älterwerdens drehte und eine überraschende Wendung gegen Ende nahm.

Der Jüngere – ganz Kind unserer Zeit – begann: »Also ich arbeite extrem an meiner Persönlichkeit, ich habe schon alles gemacht: Psychotherapie, Coaching, Yoga, mir geht es darum, meine Personality zu entwickeln. Wir können alles erreichen und uns so trainieren, dass wir perfekt sind. Wie im Fitnessstudio.« »Genau«, meinte der Ältere, »Selbstoptimierung ist das Stichwort. Genauso wie der Körper lässt sich auch unser Geist trainieren. Aber wenn ich mir viele aus meiner Generation so anschaue, dann sehe ich nur verschlossene, pessimistische, eigenbrötlerische, schrullig-seltsame Leute. So will ich auf keinen Fall sein.«

»Bist du auch nicht! Und ich will auch nicht so werden. Aber immer öfter denke ich, das dicke Ende kommt sowieso: Depressionen, Ängste, Burnout, davor graut mir schon, dass mir aus heiterem Himmel so etwas droht«, antwortete der Jüngere. »Ja, das geht mir ähnlich. Aber damit müssen wir rechnen. Das ist eben die Kehrseite: Wir werden zwar älter, halten uns immer länger körperlich fit, aber gegen solche mentalen Alterserscheinungen sind wir machtlos.«

Unsere Zeit zeichnet sich dadurch aus, dass wir im Prinzip alles verändern können, was wir wollen: Genauso wenig wie wir in eine bestimmte Laufbahn hineingeboren werden oder eine krumme Nase als markantes Merkmal akzeptieren müssen, ist es für uns hinnehmbar, einen bestimmten, genetisch festgelegten Charakter zu haben. Auch da sind wir (oder scheinen wir zu sein) die Herren (und Herrinnen) unseres Schicksals. Alles andere würde unseren Vorstellungen von Planbarkeit und Machbarkeit widersprechen. Unsere Generation mag die Kontrolle und hält sie für ein erstrebenswertes Ziel. Mit Anfang 20, ja klar, da waren wir noch spontan, haben in den Tag hineingelebt, sind in den Urlaub ohne Vorausbuchung gedüst. Was für eine Zeitverschwendung, was für ein Chaos, heute können wir uns das kaum noch vorstellen, ein Leben ohne Raster, das uns Sicherheiten gibt und unsere Tage, Monate und Jahre einteilt. Alles dem Zufall zu überlassen – unser Auftreten, unsere Haarfarbe, unsere Stimme, die Bildung unserer Kinder: Ja, wo kommen wir denn da hin? Dafür gibt es doch Coaching, wir arbeiten an uns. Aber: Sind wir tatsächlich in der Lage, an unserer Persönlichkeit zu »arbeiten«? Und: Nützt diese ganze Arbeit wirklich nichts, wenn dann die von vielen erwartete Altersdepression kommt?

Dazu müssen wir ein wenig ausholen: In den 1980er-Jahren formulierten amerikanische Psychologen ein Persönlichkeitsmodell, das Menschen grob nach fünf grundlegenden

Merkmalen einteilte: Diese »Big Five« entsprechen dem, was wir im Allgemeinen Charakterzüge nennen, und sind heute die verlässlichste Art, die Persönlichkeit eines Individuums zu beschreiben.

Die Charaktermerkmale zeigen wir bereits im Kindesalter, sie verändern sich im Laufe des Lebens nur wenig und haben nicht nur Einfluss auf unser Glücksempfinden, sondern (glauben Sie es ruhig, wir beweisen es später!) auch auf unsere Lebenserwartung.

Von welchen Eigenschaften reden wir?

Extraversion: Je stärker diese Eigenschaft entwickelt ist, desto geselliger, kommunikativer, optimistischer und sozialer ist jemand. Extrovertierte Menschen sind zudem empfänglich für Anregungen und Aufregungen. Niedrige Werte stehen für Introvertiertheit, also für Menschen, die zurückhaltend sind, aber auch gut allein sein können. Introvertierte Menschen können durchaus sehr aktiv sein, aber sie zeigen es nur selten der Außenwelt.

Verträglichkeit: Menschen, die dieses Merkmal zeigen, sind in der Regel wohlwollend, hilfsbereit und gutmütig, sie sind bemüht, anderen zu helfen, und überzeugt, dass diese sich ebenso hilfsbereit verhalten werden. Sie neigen zu zwischenmenschlichem Vertrauen, zu Kooperation und Nachgiebigkeit. Niedrige Werte bedeuten, dass eine Person reizbar und skeptisch ist und zu Konkurrenzverhalten neigt.

Neurotizismus: Ist ein Mensch stark angespannt, emotional instabil und bemitleidet er sich gern, liegt eine hohe Neigung zu neurotischem Verhalten vor. Je weniger neurotisch ein Mensch ist, desto entspannter und ausgeglichener ist er.

Gewissenhaftigkeit: Personen mit hohen Werten handeln organisiert, sorgfältig, planend, effektiv, verantwortlich, zuverlässig und überlegt. Ihr Durchhaltevermögen ist groß. Weniger gewissenhafte Menschen sind eher gleichgültig und willensschwach, sie handeln weniger sorgfältig, sind spontan und ungenau.

Offenheit: Personen mit hohen Werten geben häufig an, dass sie eine rege Fantasie haben, ihre positiven und negativen Gefühle deutlich wahrnehmen sowie für vieles aufgeschlossen sind. Sie beschreiben sich als wissbegierig und künstlerisch interessiert. Sie sind unabhängig in ihrem Urteil, verhalten sich häufig unkonventionell, erproben neue Handlungsweisen und bevorzugen Abwechslung. Personen mit niedrigen Offenheitswerten neigen demgegenüber eher zu konventionellem Verhalten und zu konservativen Einstellungen. Sie ziehen Bekanntes und Bewährtes dem Neuen vor und sie nehmen ihre emotionalen Reaktionen eher gedämpft wahr.

Ordnen Sie sich ruhig ein, es gibt kein Falsch oder Richtig, Gut oder Böse. Ich für meine Person halte mich für eher offen, bin weniger gewissenhaft, im Allgemeinen verträglich (außer im Straßenverkehr), meistens entspannt (außer bei der Champions League) und eher introvertiert. Wie gesagt, diese Persönlichkeitseigenschaften gelten für jeden, bilden sich bereits im Kindesalter heraus (einige sind genetisch bestimmt) und bleiben weitgehend unverändert über die Lebensjahre. Mit kleinen, aber wichtigen Ausnahmen: So nimmt die Offenheit – leicht – mit zunehmendem Alter ab, die Gewissenhaftigkeit steigt mit dem ersten Job leicht an und die Neigung zu Neurotizismus schwächt sich über die Lebensspanne ab – wir werden, wenn wir älter werden, weniger ängstlich und zugleich entspannter. Ganz ohne Psycho-Arbeit, denn auch intensives Workshoppen mit Gurus, Sitzungen mit Coaches, Trainern und Therapeuten werden nicht zur fundamentalen Umgestaltung unseres Charakters beitragen.

Warum betonen wir das? Erstens, um Ihnen ein gutes Gefühl zu geben: Wir werden nicht immer eigenbrötlerischer, pessimistischer, reizbarer, misstrauischer, pedantischer und desinteressierter – wir verlieren über die Jahre nicht die Eigenschaften, die wir an uns lieben. Das ist die gute Nachricht. Die schlechte ist: Sind wir von Kindesbeinen an eher introvertiert, werden wir auch im Alter nicht die Unterhaltungskanone werden, sind wir eher emotional unausgeglichen, werden wir auch später nicht die große Altersgelassenheit zeigen. Vergessen Sie das mit der Altersweisheit. Über 70-Jährige, die sich bis aufs Blut mit Nachbarn streiten, sind keine Ausnahme.

Doch es gibt noch einen Grund, warum wir das hier beschreiben: Eine Randentdeckung dieser Studie besagt, dass das Persönlichkeitsprofil einen entscheidenden Einfluss auf die Lebenserwartung nimmt. Wer überdurchschnittlich verantwortungsbewusst und zuverlässig ist, lebt länger und gesünder.

Kein Wunder, werden Sie sagen, wer solche Charaktereigenschaften aufweist, gilt als brav und angepasst, manchmal sogar als spießig und langweilig. Und wer so ist, verhält sich auch so: Gewissenhafte Menschen rauchen und trinken weniger, nehmen keine Drogen, fahren vorsichtig. Sie gehen öfter zum Arzt und befolgen dessen Ratschläge, wenn sie krank sind. Gewissenhafte Menschen schaffen sich ein gesundes Umfeld aus stabiler Arbeit, glücklicher Ehe und großem Freundeskreis. Also: Immer schön folgsam bleiben, fleißig arbeiten, heiraten und ein treuer Freund sein, das wird mit langem Leben belohnt. (Und ist theoretisch zudem billiger als alle Psycho-Experten der Welt.)

Aber wie sieht es mit dem Risiko aus, depressiv oder psychotisch zu werden? Kommt das wirklich ab einem bestimmten Alter wie das Amen in der Kirche?

Viele Menschen halten das mittlere Lebensalter für die Zeit, in der die Gefahr einer psychischen Erkrankung am höchsten ist. Gerade junge Menschen glauben, dass das mittlere Alter eine einzige Heimsuchung aus Depression, Psychose und Ängstlichkeit darstellt. Während meiner 20er-Jahre hatte ich überhaupt keine positive Erwartung an das Alter, für mich war klar, dass mit zunehmender Zeit alles, was einem an Spaß vorstellbar erschien, langsam verschwinden und man in bleigrauer Müdigkeit die verbleibenden Lebensjahre hinter sich bringen würde. Eins gleich am Anfang: Es ist ganz anders gekommen.

Gelegentliche Niedergeschlagenheit ist dennoch ein Thema für Menschen im mittleren Alter. Viele haben manchmal Schwierigkeiten, die schönen Seiten des Lebens wahrzunehmen, sie fühlen sich hin und wieder traurig und wertlos, sind voller Selbstanklagen und müssen auch noch mit den physischen Begleiterscheinungen der Wechseljahre wie Schlaflosigkeit und Hitzewallungen klarkommen. Aber interessant ist, dass vielen Untersuchungen zufolge das Risiko depressiv zu werden – vollkommen im Unterschied zur allgemeinen Erwartung – im mittleren Lebensalter geringer ist als in der frühen Erwachsenenzeit. Wer sich mit zunehmendem Alter manchmal etwas niedergeschlagen fühlt, muss sich also nicht sofort sorgen, dass er an einer Depression leidet.

Die Wahrscheinlichkeit, an einer Depression zu erkranken, liegt bei einer Frau vor dem Eintritt ins mittlere Lebensalter bei 20 Prozent, am Anfang des mittleren Alters bei 16 Prozent und am Ende dieser Periode bei nur noch zehn Prozent. Bei Männern sieht die Entwicklung noch weit besser aus. Kein Wunder: Männer überschätzen generell ihre körperliche und geistige Gesundheit und Leistungsfähigkeit (und halten sich in der Regel für viel jünger und damit viel weiter vom Tod entfernt, als sie es tatsächlich sind) und sind auch wesentlich weniger anfällig für Depressionen. Bis zum mittleren Lebensalter beträgt ihr Risiko, depressiv zu werden, nur zwölf Prozent, beim Eintritt ins mittlere Lebensalter sieben Prozent, am Ende dann drei Prozent. Auch die Vereinigung »Deutsches Bündnis gegen Depression« geht davon aus, dass schwere Depressionen im Alter nicht häufiger, sondern seltener als im jüngeren Erwachsenenalter sind. Das All-Time-High also in den eher späteren Jahren. Wenn das keine erfreuliche Entwicklung ist.

Alles geht in die richtige Richtung und Untersuchungen belegen dies für Angststörungen genauso wie für Schizophrenie, wo eine ähnliche Entwicklung einsetzt: Das Risiko nimmt mit Eintritt ins mittlere Lebensalter ab und dieser Trend setzt sich fort.

Aber wie ist das zu erklären: Wir erleben mehr körperliche Leiden, haben weniger Erwartungen, weniger Zukunft vor uns. Und sind trotzdem im Allgemeinen besser gelaunt als in jungen Jahren. Das würden die Wissenschaftler auch gerne wissen, eine Antwort gibt es – bislang – nicht. Zäumt man das Pferd andersherum auf, wird es vielleicht etwas deutlicher. Unverhältnismäßig mehr Menschen erkranken an Depressionen, wenn sie Single sind. Menschen, die einen Ehepartner oder einen festen Lebensgefährten haben, sind dagegen relativ geschützt. Je älter Männer und Frauen sind, desto größer ist die Wahrscheinlichkeit, dass sie in einer festen Beziehung leben. Daran ändert auch die relativ hohe Zahl an Trennungen und Scheidungen nichts, denn viele Middle-Ager binden sich bald wieder. Auch die Stellung in der sozialen Hierarchie spielt eine entscheidende Rolle: Je höher der soziale Status, umso geringer die Gefahr einer Depression. Soziale Faktoren scheinen also nicht nur einen positiven Effekt auf die Lebenserwartung zu haben, ein geregeltes Leben, wie es der Norm entspricht, sorgt auch für anhaltende psychische Gesundheit. Wer jetzt nicht heiratet und seine Karriere vorantreibt, ist also selber schuld.

DIE SINNE SCHWINDEN – ABER DAS GEHIRN LÄUFT NOCH WIE GESCHMIERT

Heute ist mein 56. Geburtstag. Die Kinder haben mir einen herrlichen Schokoladenkuchen gebacken. Am Abend kommen Freunde und Kollegen zu Besuch und wir sitzen zusammen und trinken Wein. Als Max seine Fotos vom letzten Indientrip zeigen will, raunt es durch das Wohnzimmer: »Warte mal, ich muss erst meine Brille holen«, und fünf Erwachsene kramen in ihren Jackentaschen. Eine Brille habe ich schon zu Studentenzeiten getragen, jetzt ist etwas Neues dazugekommen:

»Kurzsichtig zu sein, hat mich nie gestört, mit ein bisschen Weichzeichner sieht die Welt doch gleich schöner aus. Aber dass ich jetzt abends ohne Brille nicht mal mehr ein Buch lesen kann, das nervt«, sage ich.

»Ja, jetzt sind wir in der Gleitsichtphase, eines der sichersten Anzeichen, dass wir alt werden«, darauf Sylvia, unsere Nachbarin, eine Endvierzigerin. Ich will noch etwas über den langsamen Verlust von Geruchs- und Geschmackssinn sagen, entscheide mich aber, gleich zum Kern des Problems vorzudringen: »Wisst ihr, mir fällt auf, dass ich immer öfter die Namen von Leuten vergesse oder mir bestimmte Wörter nicht mehr einfallen.«

»Das ist der Anfang vom Ende, heute erinnerst du dich nicht mehr richtig, wie dein Lieblingswein heißt, morgen bereitet dir der Weg zum Kühlschrank Schwierigkeiten und am Schluss kannst du deine Kinder nicht mehr von denen deines Nachbarn unterscheiden«, antwortet Max. »Mein alter Professor sagte mit seinen 80 Jahren mal zu mir: ›Schlimm ist, dass man nicht mehr so viele interessante neue Dinge lernt, gut ist, dass man unglaublich viele uninteressante, unwichtige Dinge vergisst‹«, erzählt Max weiter.

Ja, so kann man es auch sehen, aber ein wenig Resignation lese ich doch aus den Blicken in unserer Runde heraus.

Mir persönlich macht nichts mehr Angst, als schleichend die Kontrolle über meinen Verstand zu verlieren und langsam wieder zum versorgungsabhängigen Baby zu werden. Kurze Wortfindungsstörungen oder Erinnerungslücken bringen mich an schlechten Tagen fast an den Rand der Panik. Ich sehe die Entwicklung meines Körpers. Und da geht es in jeder Form bergab: Die Schwerkraft siegt über Brüste genauso wie über Mundwinkel, und Leibesumfang und Muskelkraft geraten außer Kontrolle. Doch die Prognosen der Forscher sind eindeutig: Jeder dritte Einwohner in den reichen Ländern wird kurz vor seinem Tod (mit über 90 Jahren) dement werden, so die Berliner Altersstudie. Bei den 65- bis 69-Jährigen liegt der Anteil nur bei 1,2 Prozent.

»Machen wir uns nichts vor: Unser Gehirn, eigentlich der letzte Trumpf, den wir noch haben, wird sich mit dem Alter verändern und, klar, zum Schlechteren«, reißt mich Sylvia aus meinen Gedanken.

»Ja, aber dank der Evolution ist das Ganze so einfach nicht. Wissenschaftliche Studien zeigen nämlich, dass unser Gehirn mit zunehmendem Alter nicht abbaut, ganz im Gegenteil: Wir mögen vielleicht nicht mehr so schnell denken, entscheiden und handeln, wie wir das mit Anfang 20 getan haben, sind aber dennoch in der Lage, überaus komplexe Probleme zu lösen. Das Gehirn verändert sich, wir denken *anders*, als wir früher gedacht haben, aber das bedeutet nicht: *schlechter*«, gebe ich zurück.

Das ist die gute Nachricht. Die schlechte Nachricht ist, dass wir mit zunehmendem Alter auch nicht schlauer werden (zumindest, was das Abschneiden in IQ-Tests betrifft). Weiser? Vielleicht, aber dazu später.

Aber was passiert jetzt wirklich mit uns? Beginnen wir mit unseren Sinnen – denn ohne sinnliche Erfahrung keine Gehirnaktivität. Unser Gehirn ist wie ein Spiegel dieser sinnlichen Erfahrung gestaltet. Und das langsame Schwinden der Sinne nehme ich schon seit einiger Zeit wahr. Was uns als Erstes auffällt, ist die Veränderung unserer Sehfähigkeit. Unser Vermögen, unsere Augen auf nahe und weit entfernte Objekte zu fokussieren, erreicht seinen Höhepunkt mit acht Jahren. Danach geht es langsam abwärts und spätestens mit 50 Jahren ist die Flexibilität unserer Linsen stark eingeschränkt (und das vollkommen unabhängig, ob wir vorher weit-, kurz- oder normalsichtig waren). Im Klartext: Für den Abstand, den wir zum Lesen in der Regel haben, also ungefähr 35 Zentimeter, brauchen wir eine Brille. Nicht zu ändern.

Mit dem Hören ist es nicht ganz so schlimm: Nur (oder immerhin) 35 Prozent aller 65-Jährigen erleben einen signifikanten Verlust ihrer Hörfähigkeit, aber seit der Kindheit nimmt die Wahrnehmung hoher Töne ab. Die geräuschempfindlichen Haarzellen im Innenohr degenerieren einfach, wer viel raucht und dann noch permanent laute Musik über Kopfhörer hört, tut ein Übriges (reduzierter Blutdurchfluss und Dauerlärm setzen den sensiblen Apparaten immens zu). Den Genen sei Dank habe ich heute noch ein perfektes Hörvermögen, selbst die hohen Frequenzen machen mir keine Probleme, wahrscheinlich ist das auch der Grund, dass ich meinen Tinnitus so bewusst wahrnehme.

Fast unbemerkt, aber dennoch anhaltend ist der Niedergang der Fähigkeit zu schmecken (siehe dazu auch Seite 102) und zu riechen (unauffällig auch deswegen, weil dieser Sinn bei Menschen im Vergleich zu den meisten Tieren so eine untergeordnete Rolle spielt). Auf jeden Fall reagieren wir Menschen in fortgeschrittenen Jahren viel weniger auf Gerüche als in Jugendzeiten. Und das in jeder Hinsicht: Sowohl der Ekel scheint abzunehmen als auch die Lust. Während ich früher scharf auf ein Steak war, kommt mir das jetzt fade vor. Liegt es an der Übersättigung?

Interessant, by the way, ist: Der Niedergang dieser Geruchs- und Geschmackswahrnehmungsfähigkeit (was für ein Wort!) beginnt bei Frauen in ihren 50ern, bei Männer aus unbekannten Gründen gute zehn Jahre später. Dann habe ich noch ein bisschen Zeit, und meine Frau – gelobt sei der Altersunterschied – auch. Wir schreiben in zehn Jahren dazu mehr.

Aber bei Ihnen klingeln jetzt bestimmt schon die Alarmglocken. Was, Sie haben davon gar nichts bemerkt? Kein Wunder, alle für unsere Gehirnleistung wichtigen Inputgeber lassen über die Jahre langsam nach. Tatsächlich registrieren die meisten von uns diese allmähliche Abschwächung der Sinneswahrnehmungen gar nicht: Die Rolling Stones und die Meise auf dem Balkon klingen noch wie immer und fernsehen und lesen können wir auch noch ohne blinde Flecken. Warum das so ist?

Zuerst einmal macht sich unser Gehirn gar nicht die Mühe, jede Information, die eintrifft, bewusst zu untersuchen, vieles wird als irrelevant eingestuft, vieles haben wir fest in unseren Erinnerungen gespeichert: Wir wissen wie »Angie« klingt, wie die Tomatensauce schmeckt und wie unsere Lieblingsschauspieler aussehen, kleine Abweichungen werden da nicht wahrgenommen. Zum anderen ist unser Gehirn überkonstruiert: Wir können Gerüche von chemischen Verbindungen unterscheiden, die nur durch ein einziges Atom differieren, wir können Helligkeitsunterschiede wahrnehmen, die nur zehn Photonen ausmachen, und Schwingungen spüren, die geringer sind als der Durchmesser eines Atoms. (Für alle, die wenig Neigung zu Atomphysik oder in der Schule nicht aufgepasst haben, sei nur so viel gesagt: Das ist verdammt wenig und richtig klein.) Klar können diese winzig kleinen Unterschiede wichtig sein. Mit gutem Grund sind Jagdgesellschaften bei Naturvölkern auf extrem feine Unterschiede ausgerichtet. Dort sind die ganz Jungen die Ohren und Augen, nur der Kopf und die Planer sind Menschen im mittleren Alter. Warum das so ist, hat mit der veränderten Funktion unseres Gehirns zu tun – komplexe Aufgaben erfordern weniger hyperpräzise sinnliche Informationen, sondern ganz andere Fähigkeiten und kurioserweise gerade die, durch die sich das mittelalte Gehirn auszeichnet.

Die Veränderung der Sinne über die Zeit ist relativ leicht zu beschreiben, die Leistungen des Gehirns sind wesentlich schwieriger nachzuvollziehen. Vor allem: Es gibt keinen Standardtest des Gehirns in seiner kompletten Vielgestaltigkeit, sondern nur Einzeltests, die verschiedene kognitive Fähigkeiten untersuchen. Und die zudem zu völlig unterschiedlichen und sich widersprechenden Ergebnissen führen. In einem ist man sich allerdings einig: Was die Geschwindigkeit unseres Denkens anbelangt, ist klar: Im Alter von 20 Jahren sind wir am schnellsten, danach geht es kontinuierlich den Bach runter. Wenn ich mich erinnere, in welchem Tempo ich damals Klausuren schrieb, Urteile über andere Menschen fällte und Situationen einschätzte – und das mit heute vergleiche, kann ich nur sagen: Wie langsam bin ich geworden. Allerdings: Die Zahl der Fehleinschätzungen und ungerechtfertigten Urteile hat sich seitdem erheblich reduziert. In jungen Jahren kommt man schnell zu Antworten, über die Qualität dieser Antworten ist damit aber nichts gesagt. Und ja, Mathematiker und Physiker erreichen ihren analytischen Höhepunkt ebenfalls in sehr jungen Jahren, aber nichtsdestotrotz: Wenn wir die Schaltstellen der Unternehmen, der Universitäten und der politischen Apparate ansehen, sind es die Mittelalten und nicht die Jungen, die das Sagen haben. Warum? Weil es – das belegen die Studien über Naturvölker noch einmal – eben 25 Jahre und mehr dauert, bis man ein erfolgreicher Jäger wird. Für die Leistungsfähigkeit unseres Gehirns sind viele Faktoren wesentlich wichtiger als Geschwindigkeit. Tut mir leid, Jungspunde. Punkt für uns.

Vor diesem Hintergrund ist es dann auch nicht mehr besonders überraschend, dass viele Kognitionstests, die sich mit verbalen Fähigkeiten, räumlicher Wahrnehmung, der Fähigkeit zu planen befassen, sehr positiv für die mittlere Altersklasse ausfallen. Unser verbales Vermögen erreicht seinen Höhepunkt sogar erst spät mit 60 Jahren. (Offen gesagt parke ich heute viel besser ein als früher, bin eher in der Lage, komplexe Tatsachen zu formulieren als in Studienzeiten, und mache mir zutreffendere Gedanken über Dinge, die ein Mindestmaß an Voraussicht brauchen.)

Liebe Freunde gleichen Alters: Freut euch, alles in allem seid ihr auf der Spitze eurer intellektuellen Leistungsfähigkeit. Aber Achtung: Gefahr voraus. Gerade weil wir jetzt viel genauer unterschiedliche Faktoren wahrnehmen und bewerten können, besser in die Zukunft sehen als in jungen Jahren, wissen wir natürlich, dass ab jetzt nur noch eine Richtung einzuschlagen ist. Das Tal lässt sich deutlich erkennen. Aber es ist noch ein gutes Stück entfernt, was die moderne Hirnforschung auch belegt: Ein schneller Absturz ist, wenn man ein wenig aufpasst – Drogen! Alkohol! Monotones Leben! – nicht zu erwarten.

Und hört auf, euch zu sorgen, was in der Zukunft geschieht: Carpe diem. Nutzt diese produktivste Zeit eures Lebens!

Ich möchte dem, was mein Mann schrieb, noch etwas hinzufügen, was die Vergesslichkeit unserer Generation deutlich von der Generation davor unterscheidet. Folgendes: Kürzlich saß ich mit meiner Freundin und unseren Kindern im Café – die Kinder lasen Comics und wir, beide Journalistinnen, unterhielten uns über den Niedergang des gedruckten Wortes. Da fragte mein Sohn: »Sag mal, Mama, wie schwer ist eigentlich die Erde?« Räusper. Gerade wusste ich es noch, schließlich hatte ich es vor langer Zeit in der Schule gelernt – und vor allem: Ich als Wissenschaftsjournalistin *muss* auf so eine Frage doch die richtige Antwort parat haben. Wie peinlich. Ich schaute unsicher zu meiner Freundin und merkte sofort: Ihr ging es genauso. Und dann taten wir das, was Menschen unserer Generation seit der grandiosen Erfindung des WLANs in so einem Fall machen: Wir zückten unsere Smartphones und gaben die Frage bei unserem Freund und Helfer ein: Google!

Ich muss sagen, ich schämte mich in diesem Augenblick vor meinem Sohn für mein Halbwissen. Denn genau das ist es, was unsere Generation ausmacht: Wir haben Zugang zu Unmengen von Informationen, wissen aber immer weniger. Mit »wissen« meine ich: Wir behalten kaum noch etwas. Während die Speicherkraft unseres PCs wächst, schrumpft die Lust, Informationen auf unserem Chip in der Birne abzuspeichern. Ich merke das auch an meinem Leseverhalten: Ich scanne Zeitungen meist nach kurzen, schnellen Informationen ab, statt zu versuchen, etwas wirklich zu verstehen. Oder mich mit einem Text auseinanderzusetzen. Das gelingt mir manchmal am Wochenende, aber meist fehlen mir dazu die Zeit und die Muße.

Ich habe zudem das Gefühl, dass ich mir immer weniger merken kann. Habe ich gerade noch einen Artikel über die steilste Kletterwand der Welt geschrieben, gerate ich beim Namen ein paar Wochen später ins Stottern. Blackout. Nun ist das keine lebenswichtige Information oder etwas, das mich persönlich stark interessiert. Aber selbst da sieht es oft nicht besser aus. Die Namen meiner Kolleginnen, mit denen ich in meinem ersten Job zusammengearbeitet habe: nur noch Namensfragmente, der Rest ist futsch. Oder der Handlungsverlauf des ›Star-Wars‹-Epos: verschwommen. Dabei habe ich alle Folgen geradezu verschlungen und mit meinen Freunden heiß diskutiert. Das würde mein Sohn heute auch gerne mit mir machen. Aber ich verwechsle ständig die Schicksale von Han Solo und Anakin Skywalker – ein Kardinalfehler, der mich zum unwürdigen Gesprächspartner in Sachen ›Krieg der Sterne‹ degradiert.

Dabei müsste doch laut Neurowissenschaftlern alles ganz rosig aussehen im Alter: Man ist sich heute sicher, dass es unterschiedliche Arten von Intelligenz gibt. Jüngere haben eine sogenannte fluide Intelligenz, das heißt, sie lernen leicht; sie lernen Gedichte auswendig oder Paukstoff. Ältere dagegen haben eine erfahrungsgebundene Intelligenz, die sogenannte kristalline Intelligenz. Die fluide Intelligenz nimmt im Alter immer weiter ab, die Erfahrungsintelligenz nimmt zu. Das bedeutet: Mit zunehmendem Alter arbeitet das Gehirn zwar nicht mehr so schnell, kennt aber die Abkürzungen! Wir müssten also im Alter gewinnen, weil wir uns das Lernen leichter machen können.

Zudem weiß man inzwischen, dass Klugheit keine unveränderliche Größe ist, sondern sich durchaus steigern lässt. Denn das Gehirn ist wie ein Muskel, dessen Leistungsvermögen sich erhöht, wenn er richtig trainiert wird.

Das würde ich zwar gerne machen, aber dazu fehlt mir oft die Zeit – und vor allem die Power. Ich habe keine Ahnung, wie mein Mann es schafft, abends im Bett noch ›Die Kunst des klaren Denkens‹ von Rolf Dobelli zu verinnerlichen. Ich würde nicht einmal mehr das erste Kapitel von ›Shades of Grey‹ behalten. Oder vielleicht doch. Aber Sie wissen, was ich meine. Mir fallen die Augen zu, sobald ich in die Kissen sinke. Nach gefühlten 50 Telefonaten und 70 E-Mails ist meine Speicherkarte voll. Aber eher aus digitaler Erschöpfung als mit News oder Fakten. Ich halte das Internet und den Mobilfunk für großartige Errungenschaften. Aber nicht die ständige Erreichbarkeit. Die nervt. Neulich habe ich gelesen (ja, manchmal gelingt es mir doch, neue Informationen aufzunehmen und zu speichern), dass viele Arbeitgeber ihre Mitarbeiter auch am Wochenende mit neuen Ideen oder Terminvorschlägen beglücken. Jeder vierte Arbeitnehmer in Deutschland kennt den Chef-Kontakt in der Freizeit inzwischen. Bis vor Kurzem war das noch ein Tabu, das man nur im äußersten Notfall brechen durfte. Heute gilt das nicht mehr, was ich auch bei meinem Mann erlebe, wenn es am Sonntagmorgen beim Frühstücksei plötzlich piept. Eine SMS vom Chef. Da kriegt man doch einen Vogel um diese Zeit. Auszeiten von Computer und Handy müssten Teil des Arbeitsschutzes werden. Dem menschlichen Gehirn würde ein zeitweises Abschalten der mobilen Kommunikation jedenfalls guttun.

Damit sind wir auch schon bei einem weiteren Grund für die Vergesslichkeit oder Konzentrationsschwierigkeiten unserer Generation. Denn die ständigen Unterbrechungen machen nicht nur den Arbeitsalltag zu einer Herausforderung für unser Gehirn. Durchschnittlich elf Minuten am Stück, so eine Untersuchung von Computerwissenschaftlern der University of California in Irvine, können wir uns im Büro einer Aufgabe widmen, bevor ein Anruf, eine E-Mail, eine Nachricht im Instant Messenger oder ein anklopfender Kollege uns stört. Das Gehirn kann diese vielen Informationen aber nicht mehr optimal verwerten, sodass auch die Arbeitsleistung des Menschen nachlässt. Der amerikanische Psychiater Edward Hallowell nennt dieses Phänomen Attention Deficit

Trait (ADT). Der Begriff ADT ist in Anlehnung an die Aufmerksamkeitsdefizitstörung (ADHS) entstanden.

Was aber nicht nachlässt bei uns Mittelalten ist, wie mein Mann bereits schrieb, die strategische Denke. Hirnforscher haben festgestellt, dass das Gehirn der 40- bis 60-Jährigen dem von jüngeren Menschen in vielen Belangen überlegen ist. »Der Glaube an das jugendliche Gehirn ist ein Mythos«, sagt Martin Korte, 48, Professor für Neurobiologie an der TU-Braunschweig und Autor des Buches ›Jung im Kopf‹. Der britische Biologe David Bainbridge, der das Buch ›Wir Middle-Ager‹ verfasst hat, ergänzt: »Menschen unserer Altersgruppe sind von ihrer Gehirnstruktur und kognitiven Ausstattung her für strategische Aufgaben besonders gut geeignet.« Na also!

Und hier kommt noch die Antwort auf die oben von meinem Sohn gestellte Frage, damit es Ihnen nicht wie mir geht – gegoogelt von der kinderverständlichen »Was ist Was«-Website: »Auf uns Menschen wirkt die Erde riesig. Im gesamten Weltall ist sie aber nicht mehr als ein Staubkorn. (...) Schwieriger wird es mit dem Gewicht – denn die für die Erde angegebene Zahl von 5,975 Trillionen Tonnen ist kaum vorstellbar. Falls es hilft, ein Vergleich: Unser Planet wiegt 81 Mal mehr als der Mond.«

UNSER KÖRPER (1) – VON SORGE UND VORSORGE

Früher ging ich zum Arzt, wenn ich krank war. In der Regel handelte es sich um hartnäckige Erkältungskrankheiten oder andere jahreszeitlich bedingte Widrigkeiten. Dass der Arzt dabei den Blutdruck maß oder sich das eine oder andere Muttermal genauer anschaute, nahm man als lästige Begleiterscheinung wahr. Schließlich war man ja im Grunde gesund, Krebs und Herzinfarkt waren aus meinem Bewusstsein ausgeblendet. Heute haben Arztbesuche eine ganz andere Qualität: Jetzt gehe ich zum Arzt, obwohl ich mich topfit fühle. Und dann entspinnt sich folgender Dialog:

Er (gut gelaunt): »Guten Tag, wie geht es Ihnen denn? Sie kommen mal wieder zum Check-up?«

Ich (noch recht selbstbewusst): »Mir geht es spitze. Aber bei älteren Modellen ist ein regelmäßiger TÜV ja durchaus sinnvoll ...«

Er (mit kritischem Blick und leisem Lächeln): » So, so, dann schauen wir mal und fangen doch gleich an. Ultraschall, Resonanzsonardoppler, Bluttest mit PSA-Test oder ohne?«

Ich (ganz kritischer Patient): »Bringt dieser Prostatatest denn irgendetwas?«

Er (ganz überzeugter Arzt): »Klar, sollten Sie was in der Prostata haben, dann finden wir es so am schnellsten heraus, wissen Sie, in Ihrem Alter ...«

Ich (immer noch kritisch, aber etwas weniger überzeugt): »Ja, aber gibt es da nicht immer wieder Fehldiagnosen?«

Er (beharrlich): »Lieber hin und wieder eine Fehldiagnose, als etwas übersehen.«

Ich (gebe auf): »Na gut, man weiß ja nie.«

Er: »Aber jetzt messen wir erst einmal den Blutdruck.«

Ich (versuche witzig zu sein): »Haben wir das nicht schon das letzte Mal gemacht?«

Er (besorgte Stirnfalte): »155/95 – das ist definitiv zu hoch, da müssen wir unbedingt etwas unternehmen.«

Ich (versuche es mal mit Naivität): »Was kann man denn da machen?«

Er: »Ach, da gibt es eine ganze Reihe von Medikamenten, die so gut wie keine Nebenwirkungen haben.«

Ich (leicht empört): »Ich fühle mich doch ganz wohl. Also Medikamente will ich eigentlich nicht nehmen.«

Er: »So, so, wollen Sie nicht. Dann schauen wir uns mal die Ultraschallbilder an, ja, da sieht man schon erste Belastungen der Gefäße, na ja, von einem Schlaganfall sind Sie noch weit entfernt, aber Sie wollen ja nicht in den nächsten Jahren in die Reha, oder?«

Ich (fühle mich deutlich schlechter als vor zehn Minuten): »Eigentlich nicht, aber gibt es denn keine Alternativen?«

Er (mit leichtem Sadismus): »Doch, salzarmes Essen, keine tierischen Fette, mehr Bewegung, keine Zigaretten, wenig Alkohol …«

Ich (mit neu gewonnenem Mut): »Aber ich gehe schon ab und an ins Fitnessstudio.«

Er: »Na, das ist ja bereits ein Anfang, sonst würde alles noch ein wenig schlechter aussehen als sowieso schon. Aber da müssen wir halt noch ein bisschen mehr machen, dann verzichten Sie doch mal auf die ganzen schädlichen Sachen!«

Ich (mit letzter Hoffnung): »Vielleicht ist es ein Messfehler?«

Er (mit entwaffnender freundlicher Bestimmtheit): »Na, dann nehmen Sie eben ein Blutdruckmessgerät mit, vielleicht ist es ja ein Fall von Weißkittel-Hypertonie – messen Sie einfach mal selbst!«

Also sitze ich die nächsten zwei Wochen zu Hause, lege morgens, mittags und abends die Manschette um den Oberarm (immer schön auf Höhe des Herzens), spüre, wie schon beim Betätigen der Starttaste des Messgeräts der Blutdruck steigt, wundere mich über unterschiedliche Werte am linken und rechten Arm, lese mit wachsendem Verständnis die Empfehlungen der Deutschen Hochdruckliga und der American Heart Association – mehr Bewegung, aber Vorsicht vor Blutdruckspitzen, möglichst wenig Salz (Deutschland), kein Zucker (USA), mehr Kalium, weniger Fett, weniger Gewicht, mehr Pillen! Komisch nur, dass über die Hälfte aller Deutschen zu hohen Blutdruck haben soll, und nur bei den wenigsten funktioniert die medikamentöse »Einstellung« (was für ein Wort: klingt nach der richtigen Backofentemperatur oder dem Timer für das Frühstücksei). Komisch auch, dass niemand Genaueres über die Ursachen dieser »Volkskrankheit« weiß. Nur: Im Unterschied zu unseren Eltern haben wir die Möglichkeit, uns über Krankheiten, deren Ursache und Heilung schlauzumachen. Daher laufen auch Arztbesuche in unserer Generation anders ab als bei unseren Eltern. Wir hinterfragen, diskutieren mit unserem gegoogelten »Wissen« und nehmen keine Diagnose einfach so hin. Ich bin da keine Ausnahme.

Nach 14 Tagen intensiven und mehrmals täglichen Messens ist klar, der Blutdruck ist und bleibt zu hoch, ob das jetzt schon als Bluthochdruck zu bezeichnen ist oder die Werte noch gerade im Grenzbereich liegen, da gibt es ein wenig Interpretationsspielraum, aber »es muss etwas getan werden« wie der Doktor mit einem leisen »Habe-ich-es-doch-gewusst-und-ab-jetzt-bitte-jährlich-zum-Check-up«-Lächeln auf den Lippen feststellt. Ab einem bestimmten Alter sind Genussgifte eben tabu, schmackhaftes Essen auch, vorbei die Zeiten der Steaks mit Pommes, vorbei die Zeit der geleerten Rotweinflaschen. Wer alt werden will, muss leiden.

Und das war jetzt nur der Internistenpart der Vorsorge-Industrie. Sicherlich der wichtigste, da Herz-Kreislauf-Erkrankungen der größte Killer in unserer Zeit sind, aber Proktologen, Hautärzte und andere Spezialisten tun ihr Übriges, um einem klarzumachen, dass sich der Mindesthaltbarkeitsstempel unserer Person schön langsam dem Ende nähert. Natürlich gehört es zum Ärztemarketing, den Menschen immer als Kranken und nicht als Gesunden zu sehen. Das ist ja ihr Job. Aber wenn mit zunehmendem Alter immer dichter neben einem die Bomben der Krankheits- und Todesfälle von Bekannten und Verwandten einschlagen, gewinnen Ärzte an Überzeugungskraft. Nachts, kurz vor dem Schließen der Augen, zucken einem die Aussagen der Spezialisten noch einmal durch das Gehirn: »Ich muss leider sagen, Ihre Haut sieht schon etwas älter aus als beim Durchschnitt, und dieses Muttermal sollten Sie sich unbedingt rausnehmen lassen, da könnte etwas richtig Übles draus werden. Und dieses Lipom hier ...« »Also ich an Ihrer Stelle würde mir diesen Weisheitszahn unbedingt ziehen lassen, in Ihrem Alter könnte sich, Sie wissen schon, das Immunsystem wird ja immer schwächer, eine richtig böse Entzündung entwickeln.« »Ihre Diabeteswerte sind ein wenig an der Grenze.« »Ihre Lungenfunktion könnte deutlich besser sein.« »Sie sollten sich öfter entspannen.«

Und kurz vor dem Eintauchen ins Reich der Träume sieht man, wie die Muttermale zu riesigen schwarzen Flecken mutieren, sich die Halsschlagadern langsam verschließen und man hat kaum noch Hoffnung, den Sonnenaufgang des nächsten Tages zu erleben. »This is the end / ... Of our elaborate plans, the end / Of everything that stands, the end.« Sangen die Doors. Und wir wissen jetzt Jahrzehnte später auch ganz genau, was damit gemeint ist.

UNSER KÖRPER (2) – ÜBER FETTPOLSTER UND FITNESSCENTER

Ich informiere mich regelmäßig über neueste wissenschaftliche Studien. Das gehört zu meinem Job. Aber es ist auch ein Tick von mir. Heute also las ich etwas zur menschlichen Lebenserwartung – zu diesem Thema gibt es eine ganze Menge an Studien. Das Ergebnis einer Versuchsreihe des National Cancer Instituts der USA, das da vor mir auf dem Tisch lag, stellte einen Zusammenhang zwischen Bewegung und Alter her. Will heißen: Wer mindestens 7,5 Stunden in der Woche den Hintern hochkriegt, kann 4,5 Jahre zu seiner Lebenserwartung dazurechnen. Bei mir wären das dann laut Statistischem Bundesamt 84,6 Jahre plus 4,5 Jahre. Macht insgesamt 89,1 Jahre. Klingt erst mal nicht schlecht. Aber genau da liegt das Problem: Ich treibe keinen Sport. Abgesehen von Staubsaugen, Müll runterbringen und einkaufen gehen. Aber das zählt wohl nicht. Obwohl: In der Studie ging es um Bewegung, damit sei z. B. auch Treppensteigen gemeint. Leider wohne ich im ersten Stock, da ist also auch nichts zu holen.

Bislang habe ich es immer wie Hildegard Knef gehalten: Ich habe ein einfaches Rezept, um fit zu bleiben – ich laufe jeden Tag Amok. Aber ehrlich, es ist nicht so, dass ich mich drücke. Ich habe schon einen Yogilates-Kurs besucht (ein kostenloses Probetraining, das ich beim Glücksraddrehen gewonnen hatte), und im Sommer besteige ich gerne mal die Anhöhen der bayerischen Voralpen. Allerdings fällt das eher unter die Rubrik »Genusswandern« mit dem eindeutigen Ziel: Käsekuchen mit Streuseln. Und ich muss gestehen: Es war unter Gewichtsaspekten lange nicht notwendig. Meine Gene haben es gut mit mir gemeint, da musste nichts »ab-«trainiert werden. Eher antrainiert, wie ich immer öfter feststelle. Seit die Vier vor der Null steht, ist das vor allem mit der Ausdauer so eine Sache. Beim Wettrennen mit meinen Jungs bin ich der Loser. Wenn ich die Straßenbahn noch schnell erwischen will, steht mir der Schweiß auf der Stirn und ich hechle wie kurz vor der Niederkunft. Das kann so, bitteschön, nicht weitergehen. Also habe ich ein Probetraining im Fitnessstudio um die Ecke vereinbart. Der Trainer musterte mich und meinte: »Na ja, bei Frauen ist das ein schneller Prozess. Heute noch Größe 38, nach einer kleinen Schlemmerphase z. B. über Weihnachten passt dann nur mehr 40. Und in Ihrem Alter kriegt man das schwer wieder runter!« Aha. Sehr aufmunternd.

Aber recht hat er wohl. Aufhalten kann man den Prozess nur – und jetzt kommt er wieder, mein wunder Punkt –, indem man regelmäßig Sport treibt. Habe ich nicht gemacht und merke heute, zehn Jahre später, ganz deutlich: langsam, aber sicher fängt es an zu schlabbern. An den Oberarmen, am Hals, am Po und am Bauch sowieso. Warum? »Wenn Menschen ab etwa 40 Jahren nichts an ihren Essgewohnheiten und ihrer Bewegung verändern, können sie pro Jahr etwa ein Kilo zunehmen«, bestätigt mir ein Anruf bei Dr. Ursula Kassner, Ärztin an der Fettstoffwechselambulanz der Charité in Berlin. Da muss ich nachhaken und kriege zu hören: Bisher war unser Körper auf Wachstum programmiert, spätestens ab 40 stellt der Organismus auf den Erhalt der Körpermasse um. Der Stoffwechsel wird je nach genetischer Veranlagung um bis zu 15 Prozent gedrosselt – das führt dazu, dass wir weniger Kalorien verbrauchen und leichter Fett ansetzen. Und dann gibt´s ja auch noch die Hormone. Allerdings ist das, Männer jetzt mal aufgepasst, kein reines Frauenthema, wie wir oft vermuten. Nö, auch die Herren verdanken ihren Rettungsring, der sich spätestens ab der Lebensmitte um die Körpermitte bildet, vor allem den Hormonen. Ab rund 40 produzieren wir weniger Hormone – die Frauen weniger Östrogen, was die Fetteinlagerung am Bauch begünstigt, und die Männer weniger Testosteron, was zu einer Abnahme der Muskulatur führt. Keine guten Nachrichten, und es gibt noch mehr davon: Bei beiden Geschlechtern sinkt ab Mitte 40 der Spiegel des Wachstumshormons Somatropin, welches das Muskelwachstum und den Fettabbau fördert.

Reden wir nicht lange drum herum: Das Einzige, was gegen unerwünschtes Schlabbern, Hängen und die Bildung von Röllchen, wo keine hinsollen, hilft, ist: *Sport*. Und zwar regelmäßig. Ich besichtige zurzeit also mehrere Fitness- und Gymnastikstudios. Ja, Sie haben richtig gelesen. Gymnastik ist wieder Trend. Weg von den Muckibuden der 1980er. Hin zu Kieser-Rückenstudios, Yoga- und Pilates-Lofts.

Dabei ist der Fitnessgedanke nicht neu. Arnold Schwarzenegger und Jane Fonda haben in den 70er- und 80er-Jahren in den USA einen Boom um den Körperkult ausgelöst, nachdem dieser durch die Nationalsozialisten pervertiert worden war. Muskeln, ein athletischer, durchtrainierter Körper und Ausdauer waren wieder gefragt. Auch in Deutschland stand Sportlichkeit nach den Wirtschaftswunderjahren auf der Agenda, die Krankenkassen und Politiker unterstützten in den 70ern die »Trimm-Dich«-Aktionen des Deutschen Sportbundes. Und da sind wir auch schon wieder bei unserer Generation gelandet: Wir Ü-40er sind die erste Fitnessgeneration Deutschlands. Boah! Wir wuchsen mit »Trimm-Dich-Pfaden«

auf, und das kleine, gut gelaunte Männchen mit Turnhose und hochgestrecktem Daumen (für alle, die sich nicht mehr erinnern: »Trimmy«) führte uns in die Geheimnisse eines gesunden, fitten Körpers ein. Lange ist's her. Die angelegten Wege mit den Turnübungs-Schildchen verrotteten langsam. Stattdessen sah man immer mehr Menschen mit Walkman und Turnschuhen durch die Gegend flitzen. Jogging war en vogue.

Aber noch etwas anderes prägte unsere Städte in den 80er-Jahren: Da, wo gerade noch ein Großmarkt oder ein Bürogebäude stand, eröffnete ein riesiges Fitnesscenter mit Bauchspeck-weg-Bänken und Aerobic-Kursen. Daran hat sich bis heute nichts geändert. Die Fitnesswelle ist mit uns gemeinsam groß geworden und gleicht heute einem Tsunami. Die Branche hat inzwischen in Deutschland mehr Mitglieder als der Deutsche Fußball Bund (DFB): Mehr als 7,2 Prozent der Einwohner besuchen regelmäßig einen der rund 6000 Fitnessclubs hierzulande – Tendenz steigend. Auch wenn das Geld knapper wird, wollen die Menschen offenbar auf Fitness nicht verzichten. Allerdings bietet sich heute ein anderes Bild, wenn man ein Studio betritt, als vor 20 Jahren: Mehr als die Hälfte der Menschen an den Geräten und in den Kursen ist deutlich über 40 Jahre.

Neben dem Generationswechsel fand auch ein Imagewechsel statt: Tatsächlich scheinen die Tage des stumpfen Eisenstemmens passé, glaubt man dem Prorektor der Saarbrücker Hochschule für Prävention und Gesundheitsmanagement, Thomas Wessinghage. »Fitnesstraining hat sich in den letzten Jahren immer mehr von einer reinen Freizeitaktivität zur gezielten Prävention und Gesundheitsförderung weiterentwickelt«, schrieb der Facharzt und Fitnessprofessor, der aus seiner Zeit als Leichtathlet unter anderem zwei deutsche Rekorde im Mittelstreckenlauf hält, in der Zeitung ›Die Welt‹. Von aufdringlichen Muskelprotzen weit und breit keine Spur mehr. Die meisten, die heute in die Studios gehen, wollen natürlich ihr Gewicht halten oder reduzieren, die Ausdauer verbessern und vor allem Computerarbeitsplatz-Wirbelsäulen wieder geraderücken.

Die Generation vor uns hat sich aus Sport als Fitnessfaktor nicht viel gemacht – meine Eltern etwa haben hier und da Tennis gespielt, aber da zählten vor allem auch das Vereinsleben, der Spaß und die Feste. Es ging nicht um straffe Oberschenkel, knackige Popos und einen gesunden Lebenswandel. Wer hingegen heute Sport treibt, zeigt damit: Ich kümmere mich um mich – ja, ich habe die Zeit und das Geld dafür.

Der wachsende Wohlstand und der weitverbreitete Wunsch nach Selbstverwirklichung machen Schönheit, Jugendlichkeit und Gesundheit zu den Maximen unserer Generation. Der daraus entstandene Gesundheitsboom hat uns in den letzten mehr als zehn Jahren enorm geprägt. Die verstärkte Sensibilisierung für Healthy Living legte die Grundlage für Wachstum in Industrien wie Pharma, Ernährung, Schönheit, Hygiene und Pflege, Textilien, Wellness sowie Tourismus. Dieser Trend fördert aber gleichzeitig auch Ängste und Phobien vor Krankheiten. Nachdem mein Mann beim letzten Arztbesuch erfuhr, dass seine Blutdruckwerte hart an der Grenze liegen, und sein Arzt ihm empfahl, regelmäßig Medikamente zu schlucken, änderte er von heute auf morgen seinen Lebensstil. Wenig Alkohol, kaum noch Salz, mehr Obst und Gemüse, weniger Fast Food – und ganz viel Bewegung. Jetzt geht er regelmäßig schwimmen und dreimal die Woche ins Fitnessstudio. Damit ist Stefan kein Einzelfall, vor allem

Männer ab 50 halten sich regelmäßig fit und geschmeidig. Was sich, wie ich finde, auswirkt: Die meisten 45+-Männer, die ich kenne, werden deutlich jünger geschätzt.

Bei den Frauen sieht es etwas anders aus: Viele wollen Sport treiben, wie ich, aber nur wenigen gelingt es, in dieses Vorhaben Regelmäßigkeit reinzubringen. Mal sind die Kinder krank, dann ist wieder Elternabend, die Einkaufsliste wird auch nicht kürzer oder man ist schlicht und einfach zu müde. Einzige Ausnahme: Yoga! Yoga ist zum Breitensport unter uns Frauen geworden. Kaum eine, die den Nivata-Mondgruß für die innere Stille nach einem anstrengenden Tag nicht mindestens einmal wöchentlich praktizierte. Während unsere Eltern zum Abschalten in den Kegelkeller gingen, rollen wir unsere Matten aus und lassen unseren Atem bewusst bei einem langen Oooooooom fließen. Während die Männer als einsame Wölfe die Pfunde abtrainieren und sich auspowern, ist »Sport« für uns eine Gelegenheit zur Zusammenkunft und Entspannung.

Was die Änderung des Lebensstils anbelangt, legen die Männer unserer Generation deutlich Tempo vor. Mein Kollege Thomas bringt regelmäßig Karottensticks, Sojakerne und Gürkchen mit in die Arbeit als »gesunde Brotzeit«, wie er sagt. Bei meinen Kolleginnen hingegen vergeht kaum ein Tag, an dem sie sich nicht an der »Schokobar« der Kantine vergreifen würden. Was sie hinterher schrecklich bereuen. Und darüber reden, unaufhörlich, denn Fitness, Abnehmen und Jugendlichkeit sind zu zentralen Gesprächsgegenständen der Middle-Ager geworden – bei Frauen wie Männern. Während die Herren sich gegenseitig beim Thema Sport übertrumpfen – »Puh, bin noch etwas geschafft, war gestern wieder schwimmen, drei Kilometer!« –, geht es bei den Frauen meist um neue Diäten (»Ich bin jetzt bei diesem neuen Dok, der misst dein Säuren-Basen-Verhältnis und stellt dir deine persönliche Ernährung zusammen, einfach klasse, wirkt doch schon total, nicht?«). Eins aber haben all diese Gespräche gemein: Man möchte ganz klar und deutlich sagen: Ich lasse mich *nicht* gehen, ich tue was für mich, ich bin es mir wert!

Wir alle kämpfen gegen den körperlichen Verfall an und wir wollen uns nicht damit abfinden: »Jetzt bin ich eben alt – basta!« Der Schauspieler Heiner Lauterbach hat seinen Lebensstil mit Ende 50 komplett umgekrempelt und ist überzeugt: »Jeder ist in der Lage, sein Leben neu aufzustellen.« Lauterbach war mit Anfang 40 schwer alkoholabhängig und nahm regelmäßig Kokain. Nach einer radikalen Lebenswende ist er inzwischen fitter denn je. »Ich mache jetzt fast ausschließlich Dinge, die mir guttun«, sagte er gegenüber dem ›Focus‹, »fünf Mal die Woche Sport, eine ausgewogene Ernährung, viel Zeit mit den Kindern verbringen, viel Klavier spielen, was extrem gut ist für den Geist.«

Oder, wie der Braunschweiger Hirnforscher Korte allen 40+-lern empfiehlt: laufen, lernen und lieben.

UNSER KÖRPER (3) – VOM LIDSCHATTEN ZUM LIFTING

Als Teenager habe ich mich geschminkt, um älter auszusehen. Der knallpinke Lippenstift und die blaue Mascara sollten helfen, am Eingang der Diskothek (so hieß das damals noch) elegant am Türsteher vorbeizuschlüpfen. Ich trug kräftig Rouge und Augenbrauenstift auf, um an der Bar ein Glas Batida de Coco mit Kirschsaft bestellen zu können, ohne den (noch nicht vorhandenen) Personalausweis vorzeigen zu müssen. Heute sehe ich älter aus und schminke mich, um jünger zu wirken. Das ist nichts Neues. Es ist auch nicht typisch für unsere Generation. Meine Mutter erzählt Ähnliches. Neu ist nur: Während man bei meiner Mutter und den Frauen ihrer Generation die Schminke deutlich erkennt, versuchen wir Middle-Ager, einen möglichst natürlichen Look auf unser Gesicht zu kleistern. Und das sieht dann so aus: Geht meine Mutter aus, sind ihre Lippen in dunkelstes Rot getaucht, ihre Lider glänzen blau oder grün, die Augenbrauen werden mit einem braunen Stift nachgezeichnet und über die Foundation kommen Apfelbäckchen. Ein Bekenntnis zur Farbe. Gehe ich oder eine meiner mittelalten Freundinnen unter die Leute, liegt meist nur ein Ton auf unseren Gesichtern: Nude! Bloß nicht bunt, alles schön gedeckt – mit unauffälligem Beige lassen wir die ersten Fältchen verschwinden. Die Lippen sehen wie frisch geküsst aus mit einem Hauch von Rosé, und auf die Lider kommt, wenn überhaupt, ein Tupfer Gris oder Brune.

Schminken und Körperbemalung sind so alt wie die Suche nach dem Schönheitsideal. Doch wie man dem nahekommt, wird immer wieder aufs Neue festgelegt. In den 1970ern wollten viele eine schmale Taille, voluminöse Haare (am liebsten lang und glatt) und große, dramatisch-dunkel geschminkte Augen. Je mehr Kajal, desto besser. »Extrem« lautete das Motto der 80er-Jahre. Viel Rouge, farbiges Augen-Make-up und knalliger Lipgloss. Und, das war neu: Auch heterosexuelle Männer schminkten sich. Dann kam in den 90er-Jahren der »Heroin Chic«, in Verkörperung des superdünnen, kindlichen

Models Kate Moss. Für ihre Anhängerinnen galt: Hauptsache mager, gerne blass, mit spitzen Hüftknochen, eckigen Schultern und einer Minitaille – eine Menge Mädchen und Frauen folgten diesem Ideal.

Als ich neulich mit meiner Mutter über Schönheit und das Älterwerden sprach, sagte sie zu mir: »Ihr müsst doch ganz schön unter Druck stehen – wir haben uns lange nicht so viele Gedanken über unser Äußeres gemacht wie ihr heute. Klar wollten wir auch nicht unbedingt dick sein, aber ein bisschen mehr an Bauch und Hüfte war kein Thema, es gab kaum Markenklamotten und wir hatten, mal abgesehen von ein paar unerreichbaren Stars wie Brigitte Bardot, auch keine Schönheitsideale, denen wir nacheifern wollten.« Ja, dachte ich, diese stete Beschäftigung mit Fragen wie: »Was ist schön?«, »Bin ich schön?« ist zum fundamentalen Teil unseres Selbstverständnisses geworden.

Eine Entwicklung, die die Philosophin Rebekka Reinhard nicht verwundert. In ihrem Buch ›Schön!‹ nennt sie die Gründe für den hohen Stellenwert der Attraktivität in unserer Generation: »Aus philosophischer Sicht leben wir in einer Zeit radikaler Umwälzungen und eines eklatanten Wertewandels. Wir müssen mit Unsicherheiten fertigwerden, mit diffusen Ängsten. Da schafft es Vertrauen, sich mit der eigenen Person zu befassen, mit Haut und Haaren, mit der Figur. Denn das lässt sich in den Griff kriegen. Glaubt man zumindest.« Klar, zudem verspricht die Beschäftigung mit sich selbst ja auch Lohn. Es gibt zahlreiche Studien, die zeigen, dass schöne Menschen, also Menschen mit einem guten Körperbau, einem symmetrischen Gesicht und glänzenden Haaren als sympathischer und kompetenter empfunden werden und es somit leichter im Leben haben sollen. Kein Wunder also, dass alle besser aussehen wollen. Und jünger. Das sind zwei der wichtigsten Statussymbole unserer Generation. Wie schon die deutsche Synthie-Pop-Band aus Münster, Alphaville, im Jahr 1984 dudelte, fällt es schwer, auf den Glanz der Jugend zu verzichten: »Youth's like diamonds in the sun / And diamonds are forever.«

Und wenn die Natur uns nicht so reich beschenkt hat und die Gene uns schneller altern lassen als gewünscht, dann helfen wir eben nach: Auch das ist etwas, das es in dieser Form und Fülle in keiner Generation zuvor gab: Schönheitsoperationen.

Ein schlanker Bauch, ein runder Po, ein großer Busen, volle Lippen und straffe Haut – vor allem im Gesicht –, das sind die Wünsche, für die sich immer mehr Menschen unters Messer legen. Eine dpa-Umfrage aus dem Jahr 2012 ergab: Für 80 Prozent der Frauen ist das eigene Aussehen immens wichtig. Und das unterliegt der Einschätzung des Betrachters, aber betrachte ich mich selbst im Spiegel, sehe ich vor allem das, was mir nicht gefällt, und fixiere mich auf: die Cellulite am Oberschenkel, die hängenden Mundwinkel oder die Falten auf der Stirn – obwohl andere diese Dinge meist kaum bemerken. Ich habe viele Freundinnen, die bereits kleine Veränderungen vornehmen ließen, meist waren das Botox-Spritzen in die Stirn, rund um Nase und Mund. »Die meisten Frauen, die in die Sprechstunde kommen, wollen keine radikalen Veränderungen«, sagt mir Tatjana Pavicic, Leiterin der Ästhetischen Dermatologie an der Münchner Ludwig-Maximilians-Universität am Telefon. »Gefragt sind sanfte Korrekturen, die zum Beispiel das Gesicht straffer, die Nase zierlicher, den Bauch fester aussehen lassen.«

Nach Schätzungen der Deutschen Gesellschaft der Plastischen, Rekonstruktiven und Ästhetischen Chirurgen wurden 2011 rund 500 000 Schönheitsoperationen durchgeführt. Hinzu kommen 300 000 kleinere, auf Neudeutsch Lunchtime-Eingriffe, wie das Aufspritzen der Lippen, die Faltenbehandlung mit Botulinumtoxin (Botox) oder Hyaloronsäure. Der beliebteste Eingriff ist trotz Silikonskandal die Brustvergrößerung. Die meisten Frauen, die ich kenne, haben es nicht übertrieben und man würde die kleinen Korrekturen nicht als künstlich bezeichnen. Und, was noch viel wichtiger ist: Die Frauen fühlten sich anschließend deutlich besser, zufriedener. Ich habe mich bislang noch nicht an operative Eingriffe oder Auf- bzw. Unterspritzungen gewagt, lehne dies aber nicht grundsätzlich ab. Denn ich bin derselben Meinung wie der Philosophieprofessor Philipp Hübl von der Uni Stuttgart. »Die Menschen versuchen in allen Lebensbereichen, sich zu optimieren. Sie verfolgen ihre Karriere, richten sich schön ein und optimieren ihren Lebenslauf. Warum sollten sie ausgerechnet vor dem äußeren Erscheinungsbild haltmachen?« Hübl ist ein sehr gut aussehender Mann, der so schnell sicher keine Korrekturen nötig haben wird, und er liegt altersmäßig knapp unterhalb der Generation der Mittelalten. Aber er schreibt in seinem Plädoyer »Schnitt für die Freiheit« im ›Philosophie Magazin‹ noch etwas sehr Interessantes, das ich für unsere Generation passend finde: »Die Operationen sind Ausdruck von Freiheit, nämlich den eigenen Körper nicht als schicksalhaft zu begreifen, sondern aktiv zu verändern.«

»Die Moral ist immer die Zuflucht der Leute, welche die Schönheit nicht begreifen«, schrieb Oscar Wilde. Immer noch hat es etwas Unmoralisches, sich »schön«operieren zu lassen. Spreche ich Kolleginnen oder Bekannte auf Schönheitsoperationen an, herrscht erst einmal betretenes Schweigen. Keine(r) gibt ohne Weiteres zu, an seinem Äußeren zu manipulieren. Dabei ist es jedermanns Recht, sein Aussehen zu verändern, und ich sehe auch keinen großen Unterschied zu Friseurbesuchen, Zahnspangen oder Diäten – dienen sie doch alle demselben Zweck. Aber Menschen, die offen über kleine Verschönerungen oder Operationen reden, werden komisch angeschaut und gelten als unsicher, entfremdet. So halten die meisten Patienten nach einem Eingriff einfach die Klappe – angefangen von den Hollywoodstars bis zur Nachbarin, die plötzlich zehn Jahre jünger aussieht. Da kommt die Widersprüchlichkeit unserer Generation erneut zum Ausdruck: Noch nie haben Menschen in ihr äußeres Erscheinungsbild so extrem eingegriffen, wie es unsere Generation tut – und trotzdem wird darüber geschwiegen, als wäre es eine Todsünde. Wir sollten uns alle mal lockermachen und niemanden dafür verurteilen, sich zu verschönern. Das heißt nicht, dass man Magersucht oder Körbchengröße F als erstrebenswert betrachten sollte – aber wir sind nun mal die erste Generation, die in Freiheit aufwuchs, und die sollten wir auch verteidigen. Jedem steht die Freiheit zu, sich so zu verschönern, wie es ihm gefällt. Oder, wie es der französische Philosoph Albert Camus, ebenfalls ein recht gut aussehender Mann, sagte: »Jeder ist für sein Gesicht selbst verantwortlich.« Damit meinte er wohl, dass sich die Wahl der Lebenseinstellung und der Charakter im Gesicht abzeichnen, wie z. B. in Form von Sorgenfalten. Seit der plastischen Chirurgie, so Philipp Hübl, kann man Camus aber beim Wort nehmen.

WIR UND DIE MODE – COOL STATT SPIESSIG

Heute Morgen standen meine Kinder in Jeans und Sweatshirt vor dem Spiegel und betrachteten sich mit den Worten: »Mann, seh ich cool aus. Wie ein Teenager!« Ich stand daneben, ebenfalls in Jeans und Sweatshirt, mit einer kleinen geflochtenen Strähne im Seitenscheitel. Da sagte mein Junge neben mir, der noch weit vom Teenageralter entfernt ist: »Mami, du siehst auch irgendwie aus wie ein Teenager. Wie wir!« Das Eigenartige in diesem Augenblick war: Er hatte vollkommen recht. Ich wollte natürlich nicht so aussehen, wie ich mir früher eine 40-Jährige gemeinhin vorstellte: komplett in dunklen oder beigen Tönen, schön klassisch mit Blazer und doppelreihigem Mantel. Männer und Frauen meines Alters wollen trendy daherkommen, cool, flippig, was auch immer, nur eins bitte nicht – spiiiiiiiiießig! Als ich meiner Freundin Susanne davon später beim Kaffee erzählte, musste sie herzhaft lachen – die Situation war ihr bestens bekannt. Am Abend habe ich meine Kinder gefragt, ob sie das nicht komisch fänden, dass ihre Eltern ähnliche Klamotten tragen wie sie selbst – aber sie blickten mich nur verständnislos an. Sie kennen uns ja auch nicht anders. Und wenn man sich umschaut, auf Schulfesten, im Stadtgewimmel: überall das gleiche Phänomen, Eltern im Look der Kids. Vorbei die Zeiten, als Papa noch Aktenkoffer und dunkle Slipper trug und Mama Lockenwickler und Schürzenkleider. Das größte Kompliment für uns Mittelalten ist ein Lob aus Kindermündern: Du bist voll cool. Finden meine Freunde auch!

Als ich Kind war, fand ich meine Eltern »sehr erwachsen« – mitunter sogar »alt« ('tschuldigung, Mama, aber das hat sich geändert!). Beim Durchblättern von Fotoalben aus meiner Kinderzeit fällt mir als Erstes immer wieder auf, dass 40-jährige Menschen (und natürlich auch 50-jährige) damals aussahen, wie man sich heute Omas und Opas vorstellt. Was offensichtlich nicht den entbehrungsreichen und anstrengenden Nachkriegsjahren geschuldet ist, wie ein Blick auf die Erinnerungsfotos unserer Großeltern zeigt: Auch da wirken Menschen, von denen man sagen würde, sie befinden sich im besten Alter, älter als heutzutage 70-Jährige. Wenn ich genauer hinschaue, weiß ich auch, warum: Es sind nicht die Gesichter oder die hin und wieder ergrauten Haare – es ist vor allem der Kleidungsstil, der diesen Eindruck entstehen lässt. Spätestens mit Übertreten der 40er-Grenze wichen alle bunten Farben aus den Kleidern der Frauen, der bevorzugte Ton bei Mänteln und Jacken war plötzlich mausgrau oder beige, die Schuhe waren nicht mehr elegant, sondern bequem. Bei den Männern wurden die Anzüge immer gemütlicher und die dunkelblaue oder beige Windjacke trat als unverzichtbares Kleidungsstück in Erscheinung. Diese modischen Experimente und auch andere geschmackliche Absonderlichkeiten von damals, wie zum Beispiel großflächig bunt gemusterte Pullunder bei Männern, sandfarbene Anoraks, Hüte, bleiben heute den über 80-Jährigen vorbehalten. Die Generationen 40- und 50+ tragen weiterhin das, was sie immer getragen haben. Oder wie David Dundas in seinem nervigen One-Hit-Wonder sang: »When I wake up / In the mornin' light / I pull on my jeans / And I feel all right!« Das Credo wird sich für unsere Generation auch in den nächsten 20 Jahren kaum ändern.

Dass die Lust auf junges Styling manchmal nicht ganz ohne unfreiwillige Komik abgeht, beweist folgendes Gespräch zwischen einem mittelalten Paar und dem jungen Verkäufer, das ich in der Umkleidekabine eines Modehauses belauscht habe.

Er: »Wie findest du denn die Biker-Jacke in Hellblau?«

Sie: »Sieht cool aus, probier sie doch mal an.«

Er: »Ach, ich weiß nicht, so was hätte ich vor 20 Jahren tragen können, die ist so tailliert, das lässt sich mit meinem Bauchumfang und mit dem Fett auf den Hüften nicht kombinieren.«

Verkäufer: »Also, ich denke, die würde Ihnen gut stehen, aber wenn Ihnen die zu jugendlich erscheint, dann schlüpfen Sie doch mal in eins von den neuen Sommerjacketts in Rosa, Hellgrün oder Violett.«

Er: »Ja, die sehen klasse aus, die passen auch gut zu meinen Seven Jeans, aber ich weiß nicht, sind die nicht ein bisschen zu farbig?«

Sie: »Komm schon, du könntest dich ruhig ein bisschen mehr trauen.«

Verkäufer: »Ganz meine Meinung, mein Vater hat sich vor Kurzem auch so eines gekauft. Welche Größe haben Sie denn?«

Er (mit leisem Stolz in der Stimme): »50 bis 52, bei Jeans immer noch Größe 32, da hilft das Fitnessstudio dann doch.«

Sie: »Wie findest du eigentlich die High Heels hier, wären die nicht was für mich?«

Er: »Ja, die sehen super aus, aber kannst du damit überhaupt laufen?«

Sie (leicht genervt): »Klar, das bin ich seit 25 Jahren gewöhnt.«

Er: »Okay, dann kaufe ich mir doch diese Biker-Jacke.«

Dass in unserer Zeit erwachsene Männer mit Cargo Pants,

viel zu engen knallbunten Jacketts, Schals und Chucks rumlaufen, dass Frauen jenseits der 50 von hinten wirken wie leicht in die Jahre gekommene Girlies, sich in hautenge Jeans angesagter Marken zwängen und wie 15-Jährige bedruckte T-Shirts anziehen, ist ein typisches Zeichen unserer Zeit. Und ein erfreuliches. Früher war Älterwerden mit dem Eintritt in eine graue, triste Zeit verbunden, heute tragen wir weiterhin schöne Farben, modische Schnitte und nette Accessoires. Im Grunde sind wir eine Generation, die die Leidenschaften ihrer Jugend bis ins höhere Alter weitertransportiert. Wir haben keine Probleme damit, mitunter sogar coolere Klamotten als unsere Kinder zu tragen. Wir Mittelalten legten immer schon Wert auf das richtige Outfit und wir werden es weiterhin tun. Da bleiben wir natürlich unseren alten Stilikonen treu, mögen sie Kate Moss oder Gwyneth Paltrow, David Bowie oder Bryan Ferry heißen. Wenigstens was unser Äußeres betrifft, sind wir stylish geblieben wie in unserer Jugend, auch wenn es hier und da ein wenig spannt und manchmal vielleicht etwas lächerlich aussieht. Und klar, Geschmack und Jugendlichkeit haben nichts miteinander zu tun: Mittvierziger, die noch mit abgewetzten Jeansjacken rumlaufen oder Krawatten mit Micky Mäusen tragen, sind mit Vorsicht zu genießen, und bei 50-jährigen Frauen sind Hüfthosen und Plateauschuhe nicht immer ein optischer Genuss. Aber alles in allem sind wir erstaunlich schmerzfrei in Bezug auf »neue« Trends, die wir gerne mitmachen. Das liegt vielleicht auch daran, dass unsere Generation viele Modesünden der Vergangenheit bereits erfolgreich überstanden hat. Und deswegen kein Problem hat, mal ein bisschen peinlich rumzulaufen.

Wir erinnern uns, in bunter und nicht allzu chronologischer Reihenfolge, an diverse Modetorheiten, die sich nicht nur im eigenen Fotoalbum bewundern lassen, sondern auch in alten Videoclips zu bestaunen sind: Stirnbänder für Männer in den 70er-Jahren (war bei Björn Borg noch zu ertragen, aber schon bei Dire Straits und Bruce Springsteen eine harte Prüfung), Leggins für Frauen (irgendwann sahen alle aus wie Madonna in ›Holiday‹ oder dem Aerobic-Kurs von Jane Fonda entsprungen), Plateauschuhe und Hot Pants (die immer mal wieder ihr Comeback feiern), Oversize-Blazer mit Schulterpolstern, Jeansjacken mit Fransen, Steghosen, Netzhemden, Schlabberhosen und noch so einiges mehr. Das alles kam in den letzten Jahren wieder hoch – Vintage-Revolution! Retro bestimmt unsere Generation. Selbst Fotos, die wir gerade mit unserem iPhone geschossen haben, schicken wir durch spezielle Programme, damit sie einen schönen Gelbstich erhalten wie im Album »Dänemark 1974« unserer Eltern. Im Kino laufen Biopics – verfilmte Biografien von Stars unserer Kindheit wie Elizabeth Taylor, Lady Di oder Tina Turner. Ob Mode, Musik oder Design, überall wird die Vergangenheit zitiert. Erlaubt ist, was gefällt, niemand würde heute die Stirn runzeln, käme man in Jeans mit Schlag und schwarzer Lederjacke ins Büro. Erkämpft haben diese modischen Freiheiten natürlich mal wieder die 68er, aber populär und allgemeingültig wurden sie durch unsere Generation.

Eins ist allerdings etwas schade: Richtige Rebellion gibt es in Sachen Mode nicht mehr. Was haben viele Erwachsene noch geglotzt, als wir in den 1980ern mit wilder Mähne, zig Tüchern, bauchfreien Tops, Lederarmbändern und knallpinken Lippen wie das *material girl* Madonna durch die Straßen fegten. Vielleicht lähmt die Tatsache, dass wir uns stets mit Vergangenem beschäftigen, unseren Durst auf Neues? Oder ist es die fehlende Besessenheit? Früher war es das Größte, wenn wir über den Brenner Richtung Italien düsten, nur um ein Paar Schuhe zu kaufen. Heute bestellt unsere Generation alles im Netz. Und das ist rund um die Uhr möglich. Rund um den Globus. Noch geht uns die Vergangenheit nicht aus – aber was macht die nachfolgende Generation? Darauf hat bislang noch keiner eine gute Antwort.

AUSGEHEN 40+ – VOM PARTYLÖWEN ZUM WANDERVOGEL

Kürzlich war es wieder einmal so weit: Meine Frau machte sich Sorgen um mein (oder ihr?) Allgemeinbefinden und fragte mich, ob ich denn nicht mal wieder Lust hätte, mit einem meiner Freunde auszugehen. Schließlich müsse ich doch hin und wieder an mich denken. Aber ehrlich gesagt: Während ich mich modisch gerne noch wie ein 20-Jähriger gebe, fühle ich mich fürs Ausgehen oft zu alt. Was soll ich denn in schummrigen Bars? Eine tolle Frau habe ich bereits gefunden, und meine Zeit ist mir zu schade, bei fadem Bier in einer Ecke zu sitzen und mich heiserzuquatschen. Ein gutes Buch und ein Glas Wein zu Hause auf dem Sofa sind mir da deutlich lieber. Das sah Claudia aber nicht so, sie wollte anscheinend keinen drögen Stubenhocker an ihrer Seite. Meinen Einwand, ich hätte doch gar keine alten Freunde mehr, ließ sie auch prompt nicht gelten. »Dann ruf halt einen Arbeitskollegen an, Hauptsache, du kommst mal wieder unter die Leute«, war ihre Antwort. Dazu fiel mir nur die halbherzige Erwiderung ein, dass ich gegenwärtige Arbeitskollegen sowieso jeden Tag sehe und es gute Gründe gibt, warum ich überhaupt keine Lust habe, Weggefährten aus alten Tagen zu treffen, weil die schließlich immer nur Geschichten aus ebendieser Zeit aufwärmen. Was langweilig sein kann.

Aber irgendwie hatte sie ja recht. Und Champions-League-Viertelfinale im Free-TV lief in absehbarer Zeit auch nicht. Also schnappte ich mir das iPhone, scrollte verzweifelt durch die Kontakte und blieb dann bei Jan hängen, ein ehemaliger Kollege und freier TV-Journalist aus Berufung, den ich schon lange nicht mehr gesehen hatte. Während ich die Nummer wählte, flackerte kurz die Hoffnung auf, dass er auf einer seiner zahlreichen und oft länger dauernden Auslandsreisen sei, doch verblüfft musste ich feststellen, dass nach dem dritten Klingeln nicht die Mailbox, sondern Jan mir ins Ohr sprach.

Ich: »Hi, mein Alter, hier ist Stefan, wollen wir uns nicht heute oder an einem der nächsten Abende sehen?«

Jan: »Mensch, dich gibt es auch noch? Klar, gerne. Wollen wir uns bei mir oder bei dir treffen, was Nettes kochen und eine Flasche Wein aufmachen?«

Ich: »Was hältst du davon, mal wieder richtig um die Häuser zu ziehen, wir starten mit einem Aperitif in der Bar Centrale, gehen dann vielleicht ins Kino und danach wie früher ins Schumann's.«

Längere Stille am anderen Ende der Leitung und für einen Moment dachte ich schon, mein Freund hätte wegen dieses offensichtlich unangebrachten/schwachsinnigen/anachronistischen/nostalgischen (Suchen Sie sich was aus!) Vorschlags entweder die Sprache verloren oder einfach aufgelegt. Doch etwas später war Jan wieder da:

Jan: »Was ist denn mit dir los? Verspätete Midlife-Crisis? Habt ihr Eheprobleme? Oder willst du einen deiner Söhne überwachen?«

Ich: »Nichts dergleichen, ich dachte nur, es würde uns beiden guttun, mal wieder rauszukommen – oder unter Menschen zu sein, wie Claudia immer sagt.«

Jan: »Ich weiß nicht, ob das so schön ist. Entweder müssen wir Teenies beim Binge Drinking und der Balz zugucken, was nicht gut für unseren Blutdruck ist. Oder noch schlimmer: Wir sehen im Schumann's die gleichen Leute bei Guinness und Bolgheri sitzen, die dort schon vor 25 Jahren saßen. Und das ist genauso frustrierend und furchterregend wie Fotostrecken in französischen Magazinen zum Thema ›Lustvoller Sex im Alter‹.«

Ich: »Also gut, wollen wir dann wenigstens essen gehen?«

Jan: »Ich weiß nicht, das viele Geld für den Mist, den die dir da vorsetzen, und dann hat das Fleisch nicht mal Bio-Qualität ... «

Ich: »Schon gut, schon gut. Aber was hältst du von einer kleinen Wanderung in den Alpen am Wochenende?«

Jan: »Super Idee. Da bin ich dabei.«

»When the music's over, turn out the lights«, sangen die Doors und genau das trifft auch auf meine Lust auf Partyleben und Ausgehen zu. Ende, aus, Licht aus!

Früher waren die freien Tage und Wochenenden das, wofür wir eigentlich gelebt haben. Jede Nacht war ein Abenteuer, jeder Club, den wir besuchten, ein Versprechen, der Eintritt in ein Reich der Sinne. Wer, wie ich, in den 60ern und 70ern aufgewachsen ist, weiß, wie groß die Veränderung in diesen Jahren war. Jedes Jahr ein neuer Trend, eine neue Mode, neue Sportarten, neue Ausgehmöglichkeiten, neue Drogen. Die Zeit zwischen 1968 und 2000 verlief rasant und überaus spannend. Hörte man in dem einen Jahr noch Jimi Hendrix im rauchgeschwängerten Münchner »Big Apple«, war es bald

Punk und Reggae im legendären Tanzlokal »Größenwahn« und in der »Klappe« in Schwabing, Disco-Fieber im »Sugar Shack« und im »Why Not«, dann kamen Rave und Techno, die Rap-Szene und die Soul Revivals. Auf die Joints folgten die Lines und das ganze Sammelsurium an Designerdrogen wie Ecstasy. Doch es war nicht nur das Nightlife, das sich schnell veränderte, auch sonst gab es immer wieder Neues, das unsere Aufmerksamkeit fesselte:

Neue Sportarten wie Squash, Rollerblade, Mountainbiking oder Bungee-Jumping kamen und gingen, wir entdeckten den Pinot Grigio und den Hamburger, später dann die Nouvelle Cuisine und die Molekularküche. (Und das waren entscheidende Schritte für eine Generation, die zwischen Wienerwald und Jägerschnitzel aufgewachsen ist.) Wir gingen frühstücken und brunchen, was in den 50er-Jahren außer im Hotel wahrscheinlich niemand gemacht hat. Wir ließen uns von Billigfliegern über das Wochenende nach Paris, London oder Stockholm entführen. Wir shoppten, wenn wir Geld hatten, und liebten unsere kleinen, versteckten Boutiquen, wir investierten Geld in Schallplatten, CDs und MP3. Zuerst begeisterten wir uns für französische Filme, später entdeckten wir amerikanische Independents und das asiatische Kino, wir erlebten spektakuläre Ausstellungen und legendäre Feste in Museen wie dem Lenbachhaus und dem Haus der Kunst, wir sahen junge Wilde und Performance-Künstler, tanzten neben David Bowie im »Park Café« und hörten die Rolling Stones im Olympiastadion von München. Wir feierten und konsumierten, was das Zeug hielt.

Irgendwann waren wir dann dieses Lebens müde – wir zogen uns zurück, entdeckten die Freuden des Privatlebens, igelten uns mit Lebenspartner und Kindern zu Hause ein und erinnerten uns manchmal sentimental und manchmal angeberisch an unsere ach so wilden Zeiten. Wir merkten, dass wir einfach unseren Schlaf brauchten, lange Nächte in Bars und hoher Alkoholkonsum die Stimmung nicht mehr so weit steigerten, dass wir bereit waren, die Nachteile dafür am nächsten Morgen zu ertragen. Langsam stellte sich auch das Gefühl ein, jeden Song schon einmal gehört, jeden Film schon einmal gesehen und jede Ausstellung schon einmal besucht zu haben. Die einzige Idee, die heute zu regieren scheint, heißt Retro oder Revival, eklektizistische Aufgüsse vergangener Moden oder einfach nur Rückschritt. Ich zumindest kann mich nicht erinnern, jemals langweiligere neue Musik gehört zu haben als heute, andererseits ist es auch faszinierend zu sehen, wie dominant die Riege der 65- bis 80-Jährigen heute noch ist und wie begeistert CDs von Bob Dylan, Bruce Springsteen oder Leonard Cohen aufgenommen werden. Musik für Erwachsene gibt es in den Charts und im Fernsehen nicht und aufregend ist seit den Kings of Leon und den White Stripes auch schon lange nichts mehr. Merkwürdig sediert, bedeutungslos und beliebig kommt die Popkultur daher, ohne Skandale und Excitement, und das gilt für Fernsehshows, viele Ausstellungen und die meisten Filme gleichermaßen.

Irgendwie ist das alles ein wenig museal geworden, genauso wie die legendären Orte, die wir einst besucht haben: Während sich früher am Nebentisch Bernd Eichinger mit Barbara Rudnik stritt und Charles Schumann seine Boxkünste an nervigen Gästen erprobte, ist die »Bar Deutschlands« heute ein Ort, den Touristen besuchen und langweilige Junganwälte, den Investmentbanker oder Vertriebsleute zu ihrer Bar erklärt haben, weil sie meinen, dann irgendwo dazuzugehören. Aber da lebt nichts mehr, die spannende Atmosphäre ist einem totalen *ennui* gewichen. Und was bleibt uns, der einstmals so ausgehfreudigen, lebensfrohen, kulturschaffenden Generation? Wir haben uns in unserem privaten Kokon eingesponnen, lesen statt ›Interview‹ jetzt öfter einmal ›Landlust‹, pflegen unsere Balkons und Gärten, sehen ›Tatort‹ und ›The Voice‹ und finden, dass ein Champions-League-Spiel das eigentliche Highlight des Monats ist. Wenn uns dann gar nichts mehr einfällt, gehen wir wandern. Und anschließend wird gegrillt. ›Landlust‹ lesen, wandern und grillen. Klingt langweilig und spießig? Ist es ja auch, die piefige Freizeitbeschäftigung ist die eskapistische Antwort auf die hochleistungsorientierte Arbeitswelt und die allgemeine Digitalisierung und Virtualisierung. Beim Klettern auf Hügel und Gipfel und dem Jonglieren mit Holzkohlen können wir uns endlich wieder als die fühlen, die wir sind: Steinzeitmenschen mit einfachen Bedürfnissen.

BESSER ESSEN – ALLES BIO, ODER WAS?

Nachdem wir also das Ausgehen abgehakt haben, halten wir den Kontakt zu den wenigen Freunden, die noch in der Nähe wohnen, durch regelmäßige Abendessen aufrecht. Aber ich muss gestehen: Die Lust, Freunde zum Essen einzuladen, nimmt beständig ab. Nein, meine Zeit ist mir nicht zu schade, ich habe diese lauschigen Runden bei einem kleinen Menü oder einfach nur mal Käse und Rotwein immer sehr genossen. Aber seit einiger Zeit macht es keinen Spaß mehr. Bleiben wir beim Käse. Immer mehr Menschen in unserem Bekanntenkreis stellen plötzlich fest, dass sie wohl an einer Laktose-Intoleranz leiden – und das sicher schon von Geburt an, es hat nur keiner gemerkt. Bis zum 537. Latte to go war die Welt in Ordnung, dann plötzlich dieses Grummeln im Magen. Seit sie nur noch Soja Decaf Latte bestellen, fühlen sie sich irgendwie besser, leichter. Soll ja eh gesünder sein, die Sojamilch, hat was von bio, dazu noch vegan, gibt alles zusammen ein gutes Lebensgefühl. Käse geht also gar nicht, das ganze Fett, die armen Kühe. Wenn ich dann den Baguettekorb herumreiche, ernte ich entsetzte Blicke: Hilfe, Kohlenhydrate! Mon Dieu, Weißmehl!

Mit warmem Essen wird das Ganze auch nicht leichter: So, gleich ist das Thunfischfilet fertig, dazu gibt es Ofenkartoffeln. Wieder diese Blicke, einer wagt den Aufschrei: Thunfisch? Das Quecksilber, die Überfischung und überhaupt – Fukushima? Wir nehmen nur Kartoffeln. Wo kommen die denn her? Frühkartoffeln aus Ägypten? Oje, die CO_2-Emissionen. Wir bleiben beim Salat – ist doch bio, oder? Aus heimischem Anbau? Bitte ohne Dressing. Hättest du vielleicht ein paar Goji-Beeren zum Darüberstreuen?

In den Altbauwohnungen von uns Middleagern stapeln sich Hochglanz-Kochzeitschriften und die neuesten Kochbücher, aber keiner kennt mehr ein einfaches Pfannkuchenrezept auswendig. Meine Oma hatte einen eigenen Kochstil, meine Mutter auch, ich koche mal nach Jamie, mal nach ›Brigitte‹, mal nach einem neuen Internet-Kochblog.

Bei meiner Mutter war die Speisenabfolge einer Woche klar, darauf konnte sich die gesamte Familie verlassen: Unter der Woche kamen die Lieblingsgerichte der Kinder wie Ravioli aus der Dose, Fischstäbchen, Fleischbällchen und so weiter auf den Tisch. Am Freitag gab es immer Fisch, am Samstag Suppe oder Milchreis und am Sonntag »was Gescheites« – die von uns gehassten Rouladen, Hackbraten (falscher Hase), Krautwickel oder ein Braten aus der Röhre. Dazu Salzkartoffeln und Erbsen-Mohrrüben-Gemüse und ein Schokoladenpudding. Fertig. Aus. Bei mir ist die Essenswoche an meinen Zeitplan gekoppelt: Da kann es schon mal passieren, dass unter der Woche eine Scholle an Balsamico-Linsen auf den Tisch kommt, weil ich am Nachmittag plötzlich ein »Zeitfenster« zum Kochen habe. Und ich dafür zur Freude meiner Kinder am Freitag eine Fertigpizza in den Ofen schiebe, weil ich bis zum Abend am Schreibtisch sitzen muss. Neulich sagte mein Sohn zu mir: »Mama, deine Fleischbällchen sind die besten – besser als bei Ikea!« Das war rührend, aber ich hatte ein komisches Gefühl, kamen »meine Fleischbällchen« doch aus dem Tiefkühlregal des schwedischen Einrichtungshauses. Ich habe kein »eigenes Rezept«, das nur ich koche, so wie der russische Eiersalat meiner Oma oder der Fleischkuchen meiner Mutter. Ich weiß nicht, woran es liegt, dass ich seit Beginn meiner Küchenkarriere nichts Individuelles auf die Beine gestellt habe. Die Generationen davor hatten ja eigentlich viel weniger zur Verfügung und haben es trotzdem geschafft, aus der Hausmannskost etwas Besonderes zu machen.

Erst allmählich hielt die internationale Küche Einzug in die deutschen Reihenhäuser, allen voran italienische Gerichte – vorerst in Form von TK-Pizza, Dosenravioli und Spaghetti Miracoli. Heute haben wir alle erdenklichen Zutaten und die dazugehörigen Rezepte parat, von indisch über kreolisch, mexikanisch, mit Wildkräutern und vegan. Seit einiger Zeit ist fleischlos unter der Generation 40+ schick, vegan Trend, nur leider wird das Essen dabei mehr und mehr zum

Feind. Nahrung dient längst nicht mehr in erster Linie der Aufnahme mit dem Hintergrund, satt zu werden. Essen ist zum Statement geworden. Zeig mir, was du isst, und ich sage dir, wer du bist. Locker wird mit Balsamessigen, mehreren Sorten Olivenöl oder Himalayasalz hantiert – wohlwissend, dass man den hysterisierten Freunden keine gute Qualität vorsetzen muss, sondern die Sache sich mehr in Signalen und Symbolen abspielt. Der eigene, ehrliche Geschmack wird in die Ecke gedrängt, es geht ums Mitmachen und Mitreden bei neuen Kochstilen. Seit unsere Generation die Mauern zwischen Küche und Wohnzimmer eingerissen hat und aus dem Refugium der Hausfrau eine Wohnküche entstand, in der der Hausmann lässig mit dem 700-Euro-teuren japanischen Messerset eine Gurke schnippelt für den Sashimi-Salat à la Jamie Oliver, ist aus der Nahrungsaufnahme eine gesellschaftliche Inszenierung geworden. Und das Bedürfnis danach wächst. Das richtige Koch-Equipment ist für viele Mittvierziger wichtiger geworden als der Geschmack oder die Lust am Kochen.

Über unser Essen erschließen wir uns einen neuen Weg zur Identitätsfindung. Wir ordnen uns in Gruppen, wie zu Teenagerzeiten: Hier die Biogemüse-Fraktion, da die Gourmet-Fleischbräter, dort die Fusionsküche-Fans oder die Alles-aus-dem-eigenen-Garten-Esser. Und ständig reden wir darüber. Teilen unseren Freunden mit, welche Foodtrends uns gefallen, bei welchen wir Zweifel haben, worauf wir beim Kauf jetzt achten (Ecovin, Fairtrade, MSC-Zertifizierung für Fischereien ...) und worauf wir künftig verzichten.

Wir schauen Kochsendungen mit Mälzer & Co. und wälzen Magazine wie ›Beef‹, doch bessere Köche werden wir dadurch nicht. Ich kenne kaum jemanden aus meinem Freundeskreis, der eines dieser Fernsehrezepte nachgekocht hat. Aber darum geht es anscheinend auch kaum, sonst würde man sich mehr mit der Zubereitung beschäftigen und nicht so sehr mit dem Lebenslauf und der Lieblingsband des »Starkochs«. Als Deutschlands erster Fernsehkoch Carl Hahn alias ›Clemens Wilmenrod bittet zu Tisch‹ an einem Freitag im Jahr 1955 kurz nach 21.30 Uhr eine mit Butter beschmierte Toastscheibe mit Schinken, einem Ananasring und einer Scheibe Schmelzkäse samt Cocktailkirsche belegte und den voluminösen Turm in den Backofen schob, machten das Zehntausende Deutsche nach. Der Toast Hawaii war geboren. Das dringende Bedürfnis, sich nach all den Entbehrungen der Kriegsjahre endlich wieder etwas mehr aufs Brot zu legen, war enorm. Der Toast, obwohl komplett ungesund, war die reinste Verschwendung und genau das machte ihn so beliebt, dass er sich bis in die 1980er-Jahre als Abendbrotalternative wacker hielt.

Unsere Generation dagegen hat sich das genaue Gegenteil zur Essensmaxime gemacht: Verzicht. Einerseits thematisieren wir unser Essen ständig und erhöhen es so künstlich. Andererseits aber versagen wir uns den ehrlichen Genuss und vor allem das einfache Essen, das uns schnelle Befriedigung gäbe. Und uns rund und glücklich machen könnte. Das ist die Ironie unserer Wohlstandsgeneration: Noch nie hatten wir so viele Speisen zur Auswahl, wir kommen an alles, was wir wollen, an Himbeeren im Winter oder seltene Meeresfrüchte. Und doch schränken wir uns ständig ein – um schlank zu werden oder schlank zu bleiben. Wir verknappen künstlich unsere Nahrung und erheben sie damit zum Luxusgut. Obwohl wir in Deutschland genug davon haben. Nie hätte die Generation unserer Eltern oder Großeltern an so etwas gedacht. Während meine Schwiegermutter, 83, nichts verkommen lässt, isst meine Mutter, 70, vom Teller zumindest die Grundnahrungsmittel runter. Der Salat bleibt auch mal liegen. Ich mache mich zuerst an das Grünzeug, verputze anschließend das Gemüse und lasse meist etwas auf dem Teller zurück – klar denke ich dabei an meine Linie.

Ab 40 ging es los: Ich hatte das Gefühl, jede Nudel am Abend schlage sich sogleich am nächsten Morgen als Röllchen auf der Hüfte nieder. Nach einem Teller Pasta mit weißen Bohnen und einer halben Flasche Rotwein fühle ich mich heute nicht mehr satt und glücklich, sondern wie in der Obstgärtchen-Werbung von einst: So, als hätte ich einen Mühlstein verdrückt und würde jeden Moment im Boden einbrechen. Ein komplett neues Gefühl, das sich in den letzten Jahren still und leise eingeschlichen hat. Dabei gingen Nudeln immer. Ein bisschen Sahne dran, Käse drüber, meist ohne Gemüse. Was haben wir gelacht über die Regel »5 am Tag« (gemeint waren Obst und Gemüse), die wir inzwischen locker übertrumpfen. Es ist der Versuch, das zu erhalten und zu konservieren, was man in seinen 20ern und 30ern mühevoll zu zerstören versucht hatte – durch nächtelange Exzesse und unregelmäßige bis katastrophale Ernährung: die eigene Fitness und das noch einigermaßen frische Aussehen.

War das Glas Wein lange Zeit eine Art Belohnung nach einem anstrengenden Tag, trinke ich ihn heute nicht ohne schlechtes Gewissen. Das Gleiche gilt für Schokolade, Nachspeisen und Kuchen. Natürlich genieße ich die süßen Sachen noch, genau wie den Wein, aber nicht mehr so unbeschwert. Denn zwei der schlimmsten Feinde unserer Generation rücken immer näher: Alter und Gewicht. Und ein Abend mit zu viel Wein zeigt sich am nächsten Morgen sofort im Gesicht: mit Fältchen, dunklen Ringen und fahler Haut.

Wir wollen aber nicht alt und matt aussehen. Wir wollen nicht fett werden. Wir wollen mit den Anfang-30-Jährigen mithalten. Auf allen Ebenen. Neuerdings führe ich in der Mittagspause mit Kolleginnen Gespräche über Metabolic Balance (Essen im Fünf-Stunden-Rhythmus) oder Sanguinum (Mix aus Essen und Homöopathie). Jeder probiert für sich aus, was länger jung und fit hält. Mein Mann verzichtet mehrmals im Jahr auf Kohlenhydrate und fühlt sich damit »klasse«. Ich lege alle paar Monate alkoholfreie Wochen ein. Und frage mich oft dabei: Geht es mir dadurch wirklich besser oder rede ich mir das nur ein?

Auch in unseren Küchenschränken hat sich seit Überschreiten der 40er-Grenze einiges getan: Die Spaßfaktoren mussten Platz machen für die Liebe zur Gesundheit. Green-Chai- und Abendruhe-Tee stehen da jetzt neben Beuteln mit Hirsebällchen und getrockneten Cranberries. Die kannte vor 20 Jahren keiner bei uns. Jetzt schafft es jedes Jahr eine neue Beere aus Weit-weit-weg in unsere Verkaufsregale und Küchenschränke, und jede verspricht ein Mehr an Vitaminen und Vitalität. Und ich falle jedes Mal wieder darauf herein. In der Hoffnung, dass ein Fünkchen Wahrheit und noch mehr Lebensenergie in der neuen verschrumpelten Frucht aus der Tüte stecken. In unserem Kühlschrank findet man jetzt statt Sambuca oder Gin eine Flasche Apfelsaft plus Calcium. Und der Schokopudding mit Sahne wurde vom fettarmen Joghurt verdrängt.

Noch etwas ist in unserer Generation dazugekommen: Wir achten anders als unsere Eltern inzwischen sehr darauf, wo unsere Nahrung herkommt. Womit wir beim Thema »Bio«

wären. Es geht nicht mehr ohne. Ich greife immer wieder zu den Produkten mit dem verheißungsvollen Aufdruck: BIO. So auch meine Freunde. Zuerst aus Gründen der Verunsicherung, hatten wir doch alle etwas über mögliche Antibiotikarückstände in konventioneller Kuhmilch gehört. Vage zwar nur, aber es reichte, um unsere gesundheitsbewussten Alarmglocken bimmeln zu lassen. Inzwischen weiß man, dass das Humbug ist. Eine sehr groß angelegte Studie der Universität Stanford aus dem Jahr 2012 kam zu dem Schluss, dass Biomilch keinen relevanten Vorteil für die Gesundheit hat. Auch der Verband der Amerikanischen Kinderärzte erklärte vor Kurzem, dass es schlicht egal sei, ob Milch vom Biobauernhof oder aus dem konventionellen Stall stammt. Da mir Studien aus fernen Ländern meist suspekt sind, fragte ich bei der LMU München nach. Am Lehrstuhl für Hygiene und Technologie der Milch sagte man mir, dass aus den letzten fünf Jahren keine einzige Untersuchung bekannt ist, bei der man Antibiotika in handelsüblicher Milch gefunden hätte. Jeder Bauernhof in Deutschland wird vier Mal im Monat stichprobenartig auf Rückstände von Antibiotika oder Wachstumshormonen (die EU-weit verboten sind) überprüft. Zusätzlich kontrollieren die Molkereien jeden Milchlaster, der bei ihnen eintrifft. Dass sie dabei gründlich vorgehen, liegt auch in ihrem ureigenen Interesse: Wären Antibiotikareste in der Milch, würden diese die zur Joghurtherstellung nötigen Bakterien hemmen. Die Milch wäre also für die Weiterverarbeitung nur bedingt geeignet. Das ist mir alles klar, und trotzdem kaufe ich weiterhin Bio. Natürlich denke ich auch an die kürzeren Wege, an einen klimaneutralen Transport, hoffe auf eine etwas bessere Behandlung der Tiere, einen geringen Einsatz von Düngemitteln und anderen schädlichen Stoffen.

Warum mache ich mir darüber erst heute so viele Gedanken? Früher habe ich die Tomate gekauft, die am leckersten aussah, heute schaue ich erst, woher sie kommt.

Neulich las ich in der Zeitung, dass die Voraussetzungen für gesunde Ernährung in Deutschland noch nie so gut waren wie heute. Trotz vieler Lebensmittelskandale und den schwarzmalenden Kommentaren auf so manchen Internetportalen, in denen die Meinung vertreten wird, früher war alles besser, als der Bauer aus der Nachbarschaft seinen Acker noch mit Liebe pflegte und pflügte, hat unser Essen heute eine höhere Qualität als vor 50 Jahren.

Auch wenn dem so ist, habe ich das Gefühl, dass vieles an Geschmack eingebüßt hat. Haben Sie in letzter Zeit mal in ein After-Eight-Schokotäfelchen gebissen? Vor 30 Jahren eine geschmackliche Explosion aus Minze und hauchfeiner Schokolade. Oder hat mir das nur die Werbung eingetrichtert und die dünnen Tafeln haben schon immer so scheußlich süß geschmeckt? Das Gleiche gilt für weitere Highlights aus der Zeit: Brauner-Bär-Eis mit dem Karamellkern, Erfrischungsstäbchen und Eiskonfekt in diesen herrlich bunten Aluhütchen. Heute beinahe ungenießbar. Oder war es das schon damals, und wir haben es nur nicht gemerkt, weil es unsere Eltern so selten rausgerückt haben und es so zu etwas Besonderem für uns wurde? Neulich war ich mit meinen Kindern Blaubeeren pflücken. Da sagte eine Frau in meinem Alter zu mir: »Also, die Beeren schmecken ja nicht schlecht, aber nicht so gut, wie ich sie aus meiner Kindheit in Erinnerung habe.« Ich musste ihr zustimmen. Aber woran liegt das? Spielt uns unsere Erinnerung einen Streich? Oder unsere Sinne? Oder waren die Beeren früher tatsächlich besser? Liegt es an der

Konkurrenz der tropischen Früchte wie Mango, Papaya und Kiwi, die eine heimische Heidelbeere alt aussehen lassen?

Fest steht, dass die Zahl der Geschmacksknospen mit steigendem Lebensalter abnimmt. Bereits jenseits des 30. Lebensjahres lässt die Fähigkeit zu schmecken nach. Was daher rührt, dass die Zahl der vorhandenen Geschmacksknospen von 10 000 beim Säugling auf ca. 4000 bis 6000 beim Erwachsenen zurückgeht. Die Lebensdauer der Geschmackszellen beträgt zehn Tage. Unter Einfluss der Geschmacksneuronen erfolgt eine stete Erneuerung. Allerdings ist die Fähigkeit zur Regeneration mit zunehmendem Lebensalter rückläufig, daher nimmt die Anzahl der Geschmackszellen im Alter ab. Das ist allerdings keine Besonderheit unserer Generation, da mussten auch schon unsere Eltern durch. Leider wird es nicht besser: Senioren weisen lediglich 2000 bis 3000 Geschmackszellen auf. Na dann: Genießen wir, solange wir es noch schmecken. Aber bitte mit Sahne! Schließlich sieht jeder 40- oder 50-Jährige mit einem Lächeln auf dem Gesicht und kleinen Röllchen um die Hüfte schöner aus als ein schlanker Mittelalter mit Griesgram um die Nase.

Ü40

WEN WIR LIEBEN

SEELENVERWANDTE – VON FACEBOOK UND ANDEREN FREUNDEN

Fragt man Menschen aus meiner Generation, was ihnen besonders wichtig ist, dann ist die Reihenfolge in etwa die, die das Institut für Meinungsforschung in Allensbach in einer Umfrage kürzlich herausgefunden hat: Den mittelalten Deutschen sei »alles wichtig, was ihre Lebenssituation stabilisiert«. Ganz oben auf dieser Prioritätenliste steht die eigene Gesundheit, gefolgt von dem Wunsch nach einer glücklichen und festen Partnerschaft. Weitere Aspekte wie finanzielle Unabhängigkeit, Verlass auf die Familie sowie ein sicherer Arbeitsplatz sind rund drei Viertel der 30- bis 59-Jährigen wichtig. Und dann kommt auch bald der Wunsch nach intensiv gelebter Freundschaft. Freunde sind für den Durchschnitt aller Deutschen ein unverzichtbarer Bestandteil ihres Lebens, ohne Freunde ist für viele das Leben nicht lebenswert. Wenn ich mir meinen Facebook-Account daraufhin anschaue (und die Accounts meiner Freunde), lässt sich leicht feststellen, dass es uns an Freunden nicht mangelt. Noch nie in unserem Leben hatten wir so viele wie jetzt – bei mir sind das zwar gerade einmal 144, aber bei einigen meiner »engsten« Facebook-Freunde geht diese Zahl schon einmal locker über 1000 (oder manchmal gar über 2000) hinaus. Ein kleines Rechenexempel beweist, dass wir uns über zu wenig Freunde also nicht beklagen können. Würde ich allen Facebook-Freunden einen Tag pro Jahr widmen, wären Wochenenden und Jahresurlaub locker verplant. Bei 1000 Freunden könnte man drei Jahre lang ununterbrochen nichts anderes tun, als sich mit platonischen Seelen- und Wahlverwandten auseinanderzusetzen. Das ist schon eine Aufgabe.

Komisch nur, dass ich 98 Prozent meiner Facebook-Freunde seit Jahren nicht gesehen, 75 Prozent seit Jahren nicht gesprochen habe. Hin und wieder eine Mail oder ein geteiltes Urlaubsfoto sind eigentlich der einzige Beweis für eine existierende Beziehung. Mit Freundschaft hat das natürlich alles nichts zu tun. Die sieht anders aus:

Es ist drei Uhr nachts, leere Rotweinflaschen stehen auf dem Tisch und die letzte Packung Kippen ist aufgeraucht. Seit Stunden sitzen wir in der Küche und erzählen uns unser Leben. Die Beziehung, die gerade mal wieder schwierig ist, der Job, der jetzt mehr Probleme macht als früher, oder die Sehnsucht nach den alten Zeiten: Es gibt nichts, worüber gute Freunde nicht reden können. So wie Freddy Mercury es in seinem Lied auf den Punkt brachte: »Friends will be friends. / When you're through with life and all hope is lost.«

Solche Abende und Nächte würden mir zumindest immer wieder einmal richtig guttun. Nur leider ist das in den vergangenen Jahren seltener geworden und die Zigaretten wurden auch aufgegeben. Meine engsten Freunde haben früher oder später München verlassen, meist, weil die moderne Arbeitswelt mit ihrem unstillbaren Bedürfnis nach uneingeschränkter Mobilität sie in eine andere Gegend zwang. Sie leben heute in Wiesbaden und Berlin, in Mailand und Miami, die meiner Frau in Straßburg und in Los Angeles, in Braunschweig und

Hamburg. Klar telefonieren und mailen wir regelmäßig, und ab und zu wird auch geskypt. Aber von geteiltem Alltag und Nähe wie in der oben beschriebenen Küchentischszene findet sich da nichts mehr. Und ich muss sagen, dass mir das richtig fehlt. Ab und zu würde man sich gerne einen neutralen Spiegel vorhalten lassen und die eigenen Erfahrungen durch wohlwollende Objektivität von gleichaltrigen Weggefährten beurteilt wissen.

Ein verständliches Bedürfnis, wie Soziologen und Psychologen wissen: Die Sehnsucht nach Freundschaft ist so alt wie die Menschheit selbst. Wir wünschen uns nicht nur einen Beruf, Partner und Kinder, sondern auch platonische Weggefährten für die guten und schweren Momente im Leben. Die soziale Initiative Lifeboat aus den USA hat es sich deshalb zur Aufgabe gemacht, Menschen dabei zu helfen, alte Freundschaften wiederzubeleben oder neue Freundschaften zu schließen. Eine Studie dieser Organisation hat nun ergeben, dass viele Erwachsene unzufrieden mit ihren Freundschaften sind. Gerade in der Altersgruppe der 40- bis 60-Jährigen gaben etwa drei Viertel der Befragten an, dass sie ihre Freundschaften als unbefriedigend empfinden. Dabei kommt es ihnen nicht auf die Zahl der Freunde an, im Gegenteil. 68 Prozent wünschen sich tiefe statt viele Freundschaften, 63 Prozent fühlen sich unsicher im Umgang mit ihren Freunden. Über die Qualitäten, die ein guter Freund mitbringen sollte, sind sich die Generationen übrigens einig: Loyalität, Spaß und Beistand in schwierigen Situationen rangieren ganz oben auf der Wunschliste.

Allem Anschein nach sind diese Kriterien jedoch schwer zu erfüllen. Trotz Facebook und Stay Friends, trotz mehr und schnellerer Kommunikationsmöglichkeiten und Verkehrsmittel – wie kann das sein? Ist das ein Zeichen dafür, dass unsere Gesellschaft und gerade auch unsere Generation emotional verarmt oder nicht mehr fähig ist, intensive zwischenmenschliche Beziehungen aufzubauen? Überhaupt nicht, sagen Experten – wir werden einfach nur wählerischer, was unsere Freundschaften betrifft. Je älter wir werden und je differenzierter eine Gesellschaft ist, desto höher sind die Ansprüche, die wir an Freundschaft stellen, glauben Soziologen zu wissen.

Auch hier steht unsere Generation im Widerspruch: Wir haben immer mehr Kontakte, erleben den Austausch aber immer weniger als befriedigend. Bevor wir Kompromisse eingehen und unsere – ohnehin knapp bemessene – Zeit mit halbgaren Kontakten und besseren Bekannten verbringen, lassen wir es lieber ganz sein. Durch meinen Beruf habe ich extrem viel oberflächlichen Kontakt und meist nur kurze und relativ unpersönliche Begegnungen mit Menschen. Zum anderen stehe ich in vielen dauerhaften Beziehungen (zu meinen Kindern und [Schwieger-]Eltern, zu Mitarbeitern und Vorgesetzten), die mit starken Verpflichtungen und Erwartungen verbunden sind. Gerade wir Mittelalten sind in ein kompliziertes Geflecht an zeit- und energieaufwändigen Beziehungen verstrickt. Da bleibt wenig Zeit für Freunde. Quality Time im strengsten Sinne sozusagen. Diese eng bemessene Zeit, die uns Middle-Agern zur Verfügung steht, verleitet uns dazu, zu hohe Ansprüche an die Zeit mit Freunden zu stellen. Zu hohe vielleicht für die Freunde, aber auch mehr, als wir als Weggefährten zu geben vermögen. Denn unsere Freunde haben ja die gleichen Erwartungen an uns wie wir an sie. Interessanterweise sehen viele Menschen nur eine Seite, und zwar die Gegenseite, denn 80 Prozent der Studienteilnehmer halten sich selbst für einen guten Freund. Warum sind wir also unzufrieden? Eine derart verquere Selbstwahrnehmung tritt bei Umfragen häufig auf. Denn die Fehler suchen wir bei den anderen, nicht bei uns selbst.

Hinzu kommt, dass wir mit zunehmendem Alter ein wenig rigoroser und vielleicht etwas unflexibler werden. Das belegt eine Umfrage der ›Apotheken-Umschau‹, die herausfand, dass mehr als 48 Prozent der Männer und Frauen es für schwierig halten, im Erwachsenenalter neue Freunde zu finden. 23,5 Prozent glauben sogar, dass dies nur im Kindesalter möglich sei. Wo Kinder einander in null Komma nichts verzeihen und Kompromisse schließen, sind Erwachsene weniger tolerant. Als Erwachsene erwarten wir, dass Freunde so sind wie wir, nicht wie ein Gegensatz, sagen Soziologen. Wir präferieren Menschen mit einem ähnlichen Hintergrund, einer vergleichbaren Lebenssituation, dem gleichen Status.

Damit wir uns mit unseren Freundschaften wieder wohler fühlen, sollten wir unsere Ansprüche überdenken. Immer erreichbar sein, großzügig einladen und bitte stets gute Laune und Ratschläge liefern: Niemand kann solche Erwartungen alle auf einmal erfüllen. Stattdessen können wir versuchen, uns wieder mehr zu öffnen und die Fehler, Eigenarten und Ticks der anderen zu akzeptieren. Wer starke und stabile Freundschaft erfahren will, muss Gegensätze zulassen.

Vor einem Jahr flog Corinna nach New York. Sie und ihr Mann sind gute Freunde von uns, beide arbeiten als Fotografen, sie haben zwei gemeinsame Kinder, 14 und acht Jahre. Corinna verliebte sich in ein männliches Model, das vor ihrer Linse posierte. Sie kam zurück, packte ihre Sachen, verließ ihr altes Leben und zog nach New York, wo sie bis heute lebt. Die beiden Kinder ließ sie beim Vater. Inzwischen sind die beiden geschieden. Corinna sagt, sie sei glücklich, sie wolle nichts erklären, außer, dass der Alltag sie und die Liebe aufgefressen habe. Das sei jetzt ganz anders, Kinder möchte sie keine mehr, heiraten auch nicht. Ihr Exmann versteht die Welt nicht mehr.

Vor einem Monat gestand mein alter Schulfreund Ralf seiner Frau, dass er sich in eine seiner Studentinnen verliebt hat. Sie ist 20 Jahre jünger. Sie wollen zusammenziehen. Ralf und seine Frau sind seit zwölf Jahren verheiratet. Sie haben ein Kind.

Vor einer Woche zog der Mann meiner Freundin Ester aus. Er betrügt sie seit acht Jahren. Sie wusste nichts davon. Sie haben zusammen zwei Kinder, zwölf und fünf Jahre alt.

Heute sprach ich mit Susanne. Sie erzählte mir von einem Erlebnis, das ihr sehr zu denken gab. Seit langer Zeit hatte sie sich mit ihrem Mann endlich einmal wieder ins Nachtleben gewagt. Während der Babysitter die Kinder ins Bett brachte, gingen die zwei Mittvierziger in eine bekannte Münchner Bar, in der sie Jahre zuvor, damals noch ohne Nachwuchs, mit Freunden zahlreiche Nächte durchzecht hatten. Sie waren mitten im Gespräch über die nächste Urlaubsreise, als ein

Bekannter hereinkam. Der Endvierziger hatte im Arm das, was den Plot vieler erfolgreicher Filme und Bücher ausmacht: eine junge Geliebte. Das wäre erst einmal nichts Besonderes, gäbe es da nicht ein pikantes Detail: Den Herrn kannten die beiden aus dem Geburtsvorbereitungskurs. Die junge Dame an seiner Seite war damals nicht dabei gewesen. Fünf Jahre ist es her, da hat Susanne zusammen mit dem Mann und seiner damaligen Frau gepresst und gehechelt und sich auf das baldige Familienglück gefreut.

Und jetzt das. Susanne überschlug mal eben die Haltbarkeit der übrigen Paare aus dem Kurs (es war eine lustige Truppe und sie sind alle in Kontakt geblieben) und kam zu dem Schluss: Weniger als die Hälfte der damaligen Paare haben die ersten Jahre mit Kleinkind gemeinsam überstanden. Die Gründe waren meist dieselben: Der Alltag mit Kind und Job und das Ungleichgewicht zwischen den Partnern haben die Liebe gekillt. Das Ergebnis? Die Kinder blieben bei der Mutter, der Vater hat schnell Trost gesucht und gefunden. Und die Frauen füllen seitdem als alleinerziehende Mütter die Statistiken.

Es ist eben kompliziert mit unserer Generation. Für unsere Eltern war die Sache und somit ihre Biografien geritzt: Geburt, Schule, Ausbildung, Heirat, Kinder, ... »bis dass der Tod euch scheidet«. Zu meiner Schulzeit waren Scheidungskinder selten und wurden von uns »Normalo«-Kindern mit Fragen gelöchert wie »Kriegst du doppelt Taschengeld?«. Unsere Eltern, auch wenn sie nicht immer perfekt miteinander auskamen, haben sich doch zusammengerauft. Eine Trennung kam selten infrage. Heute wachsen immer mehr Kinder in Deutschland bei nur einem Elternteil auf – meist bei der Mutter. Laut Statistischem Bundesamt ist heute fast jede fünfte

Frau mit Kindern Alleinerziehende. Leider sagt die Statistik wie so oft nichts über das Alter der Eltern oder die Umstände der Trennung aus.

Schaue ich mich in unserer Umgebung um, findet man in einer Klasse mit 20 Schülern mindestens drei Scheidungs- oder Patchwork-Kinder. Und wenn man mit den übrigen Eltern näher in Kontakt tritt und diese bei dem fünften Glas Merlot aus dem Beziehungsnähkästchen plaudern, wundert es einen, dass es nicht noch mehr sind. So wie bei Henning und Simone, beide Ende 40, seit zehn Jahren ein Paar, zusammen ein Kind. Zweimal hat er sie bereits betrogen, klassische Ausrutscher bei auswärtigen Jobterminen. Er habe sich plötzlich mit Anfang 40 alt gefühlt, gab Henning als Erklärung an. Wollte sich mal wieder spüren. Spüren wie es ist, begehrt zu werden, im Mittelpunkt zu stehen, nicht über Kinder zu sprechen, sich jung zu fühlen trotz Bauchansatz und Haarausfall. Wie »damals« eben. Das Vertrauen bekam Risse, doch Simone drückte beide Augen zu, wegen des Kindes. Auch, weil sie es nachvollziehen konnte, empfand sie doch seit einiger Zeit genauso. Das Gefühl wurde stärker. Eines Morgens, als sie aufstand und sich im Spiegel betrachtete, fühlte sie sich mit ihren knapp 45 um zehn Jahre gealtert. An dem Tag schaute ihr beim Zumba-Kurs der Trainer zu lange in die Augen – und »Zoom«, landeten die beiden im Bett. Auch das kam heraus. Eine Paartherapie konnte nicht helfen, denn keiner wollte auf den anderen zugehen. Die jeweiligen Seitensprünge hatten eines wieder ans Tageslicht befördert, was lange im Dunklen lag: das Gefühl von damals – »Die Freiheit nehm' ich mir, zu tun und zu lassen, was ich will«. Jeder dachte: »Ich gebe doch so viel, jetzt ist der andere mal dran.« Die Beziehung ist seitdem nur noch Show, für die Klassenkameraden des Sohnes, die Arbeitskollegen.

Aus unserem Bekanntenkreis wird kaum einer die Goldene Hochzeit feiern wie unsere Eltern und Großeltern (sicher auch, weil wir heute später heiraten), und nur wenige die Silberne. Die Generation meiner Eltern kannte drei Fernsehsender, zwei Joghurtsorten, einen Telefonanbieter und die Kirchengemeinde, in der man bei Tanzabenden seinen zukünftigen Lebenspartner traf. Große Auswahl? Fehlanzeige. Als meine Mutter meinen Vater heiratete, war ihr klar, dass sie künftig die Hemden bügeln, das Essen kochen und den Abwasch erledigen würde. Sie wusste, dass ihr zukünftiger »Job« die Betreuung der Kinder war. Das war in Ordnung für sie und sie stellte das niemals infrage. Mein Vater brachte das Geld nach Hause und übernahm uns Kinder mal am Wochenende, damit meine Mutter shoppen oder ihre Freundinnen treffen konnte. Eine klassische Rollenverteilung, jeder wusste, was er zu tun hatte. Die Kinder waren wichtig, aber meine Eltern blieben ein Liebespaar, mit abendlichen Unternehmungen, zahlreichen gemeinsamen Freizeitaktivitäten ohne Kinder und Urlaub zu zweit – dank der Großeltern. Wenn in unserer Generation aus einem Paar eine Familie wird, rücken die Kinder in den Fokus und Liebe und Sex geraten ins Hintertreffen. Es wird stressig, denn beide wollen in jeder Rolle glänzen: perfekte Eltern sein, qualifiziert im Job, gut im Bett und beliebt im Freundeskreis. Was für eine Anstrengung! Außerdem: Wo bleibt da Platz für Liebe, Zweisamkeit, Sex?

Heute sind es vor allem die von Zukunftsinstituten so genannten »Megatrends« unserer Gesellschaft, die es unserer Generation so schwer machen, eine konstante Liebesbeziehung zu führen. Der schlimmste Beziehungskiller von uns

Mittelalten ist nicht die junge Geliebte, sondern die Individualisierung. Der gesellschaftliche Wertewandel hat die individuelle Selbstentfaltung an erste Stelle gesetzt. Wir drehen uns nur noch um uns selbst. Wir gieren nach Aufmerksamkeit wie der Süchtige nach dem Stoff. Wir wollen jemand sein, bloß kein Niemand. Sartre war der Ansicht, dass Liebe nur dann entstehe, wenn uns jemand so ansieht, wie wir selbst insgeheim gesehen werden möchten. Was aber, wenn der andere nur noch sich selbst im Spiegel anschaut oder nur noch selbst betrachtet werden will, egal von wem? Was, wenn niemand mehr den liebenden Blick draufhat?

Die Individualisierung hat uns viel gebracht, vor allem Freiheit – Wahlfreiheit. Das heißt aber zugleich auch Zwang. Wir müssen selbst entscheiden, alles. Dabei haben wir kaum noch Orientierungshilfen. Denn eins ist schon mal klar: So wie das bei unseren Eltern mit der Partnersuche lief, geht das heute nicht mehr. Total unzeitgemäß, und das kommt nicht aus Teenagermündern, sondern aus denen der mittleren Generation. Pah, wir waren doch nicht so dämlich wie unsere Eltern, heiraten mit Anfang 20 und dann gleich kleine Schreihälse ins Haus geholt. Nö, da wurde erst einmal gelebt, geliebt, gefeiert, gereist. Und dann sind wir natürlich in einem reifen Alter, wo wir genau wissen, wie der Hase läuft. Also wollen wir unser Leben auch als Paar oder mit Kindern »viel freier und relaxter« gestalten als unsere Eltern. Bloß keine Konventionen. Kein gesellschaftlicher Zwang. Keine Kompromisse. Schließlich geht es um etwas Einzigartiges: um uns! Wir sind es uns wert. Wir wollen ganz und gar »wir selbst sein«. Aber: Wer ist man denn eigentlich genau? Wer will man sein? Was will man sein? Und was passiert, wenn einem das nicht gelingt, was man von sich selbst so stark einfordert? Dann ist man ein Nichts, ein Niemand. Weil man es nicht geschafft hat, sich selbst zu verwirklichen.

Aber zurück zur Liebe: Eines hat sich seit Jahrhunderten nicht geändert – wir suchen die »romantische Liebe«. Wir kennen sie vor allem als eine Sehnsucht, die seit dem 18. Jahrhundert beschrieben wird, erstmals und schicksalhaft in dem Roman ›Die Leiden des jungen Werther‹ (1774) von Goethe. Doch im Gegensatz zu heute war Romantik früher, selbst zu den Zeiten unserer Großeltern, »keine realistische Erwartung von Normalsterblichen. Sie war die künstlerische Fantasie einer Oberschicht, eine Passion von Privilegierten«, schreibt der Philosoph Richard David Precht in seinem Buch ›Liebe – Ein unordentliches Gefühl‹. Heute will jeder Romantik, sie hat inzwischen vielleicht sogar einen höheren Stellenwert als die soziale Absicherung durch eine Beziehung. Denn noch etwas ist neben der Individualisierung heute entscheidend: das eigene Glück! Wir alle meinen, ein Recht darauf zu haben, vollkommen glücklich zu sein. Koste es, was es wolle. Und wenn uns der eine Partner kein Glück beschert, sofort, auf der Stelle, dann muss es eben der nächste leisten. Ein ausgewogener Mix aus Leidenschaft und Verständnis, Aufregung und Geborgenheit soll es sein. Genau dieser Mix, dieser verteufelt schwere, ist zu einem allgegenwärtigen Anspruch unserer »Wohlstandsgeneration« geworden. Denn nur er, so meinen wir, mache uns glücklich.

Doch wie soll das funktionieren? Wenn die »neue Art zu lieben« doch vor allem auf einen Selbstzweck ausgerichtet ist? Wenn uns vor allem interessiert, wie es uns geht, und nicht dem anderen, dem, den wir lieben? »Unser gegenwärtiges Gesellschaftssystem ist ein System ohne Sinn, Verstand oder Liebe. Es beruht darauf, dass durch die egoistische Befriedigung Glück erzeugt wird – was für ein Unfug. ... Die Einsamkeit in unseren individualistischen Gesellschaften ist das Schlimmste«, sagt Pozzo di Borgo, Autor des Erfolgsfilms ›Ziemlich beste Freunde‹.

Eigentlich hätte unsere Generation der Individuen die Liebe nötiger denn je – aber zugleich ist sie vielen eben auch unmöglich. Das beweisen die aktuellen Scheidungsstatistiken. Elf von 1000 Ehen wurden im Jahr 2011 in Deutschland geschieden; das sind vier mehr als im Jahr 1992. In meiner Kindheit, also in den 1970er-Jahren, war die Scheidungsrate sehr niedrig, was natürlich vor allem an der damaligen Rechtslage lag. Erst 1976 galt nach einer Reform bei Scheidungen nicht mehr das Schuldprinzip. Unterhaltsrechte und -pflichten waren nun nicht mehr an eine »Schuld« (wie z. B. Fremdgehen) geknüpft, sondern hingen von der wirtschaftlichen Leistungsfähigkeit der geschiedenen Ehepartner ab.

Bei vielen Paaren unserer Generation bröckelt es hinter der Fassade, wie gesagt, kräftig: Mal geht der Mann fremd, mal fühlt sich die Frau zu einem anderen hingezogen, und jedes Mal schwingen dabei zwei ganz entscheidende Aspekte mit: die Angst, etwas zu verpassen, oder, wie es der Schauspieler Kai Wiesinger in einem Interview beschrieb: »Immer nach dem Dreh nach Hause, kochen, mit den Kindern zu Freunden fahren, zum Reiten oder zum Ballett – auf einmal hatte ich Hunger auf ein neues Leben. Ich habe meine Vatergefühle nicht verloren, aber ich hatte mein altes Leben satt.« Wiesinger räumte ein, da durchaus egoistisch zu handeln, äußerte aber auch, sich dafür nicht zu schämen. Dazu kommt, was in unserer Generation weit verbreitet ist – und in Serien wie ›Sex and the City‹ perfekt vorgelebt wurde (oder sollte man besser »persifliert« sagen?): die vorherrschende Meinung, man selber gebe alles, um fast perfekt zu sein, und habe eigentlich etwas Besseres verdient. Da ist sicher noch einer, der sich komplett nach uns verzehren wird, der uns verehrt, alles für uns tun wird. Wohlgemerkt, dieser Gedanke schwirrt nicht nur durch weibliche Hirne und Herzen, auch durch die der Männer. Womit wir wieder bei der Romantik wären, wonach der Held erobert und sich die Eroberte bedingungslos hingibt. Ein Plot, der in Büchern wie ›Twilight‹ oder ›Shades of Grey‹ beschrieben wird: die totale Verschmelzung, egal ob mit Lack und Leder oder einer Bisswunde am Hals.

Und da wären wir auch schon beim nächsten Thema (auf das ich im nächsten Kapitel noch ausführlicher eingehe), das auch nicht einfacher geworden ist in den letzten Jahren: Sex. Statistik gefällig? Der Fernsehsender Pro Sieben hat im Jahr 2008 in Zusammenarbeit mit der Deutschen Gesellschaft für Sozialwissenschaftliche Sexualforschung und der City University London für die größte deutsche Sexstudie 55.992 Männer und Frauen ab 14 Jahren befragt. Ergebnis: Die Deutschen haben rund 139 Mal pro Jahr Geschlechtsverkehr. 61 Prozent der Männer und 50 Prozent der Frauen wünschen sich häufigeren Sex. Umfragen in unserem engeren Bekanntenkreis hingegen zeigen: Einmal im Monat ist für die meisten schon oft. Die Kinder, Stress in der Arbeit, Überforderung auf allen Seiten, sich selbst nicht gut oder hübsch fühlen oder schlicht und einfach: keine Lust – das sind die Gründe, die für den fehlenden ehelichen Sex genannt werden. Auffällig dabei: Die Männer unserer Generation stört das weniger. Es sind meist die Frauen, die unter dem Sexentzug leiden. Und sich die Befriedigung gerne woanders suchen, wie meine Bekannte Nicole. Verheiratet, ein Kind, Flaute im Bett. Auf die Frage, wie und wo sie an die Männer denn käme, meinte sie nur: Das »Wie« sei eigentlich kein Problem und das »Wo« ganz einfach zu klären: im Sportverein, im Fitnessstudio, bei der Arbeit, bei auswärtigen Jobterminen, bei Salsa-Tanzveranstaltungen …

Die Zeiten, in denen die Frauen erobert werden wollten und sich hingaben und die Männer sich nahmen, worauf sie Lust hatten, sind vorbei. Die 1960er-Jahre haben ihre Spuren hinterlassen. Die Unterschiede zwischen Männern und Frauen hinsichtlich der Sexualität sind heute zu vernachlässigen.

»Lange Zeit war es in den bürgerlichen kapitalistischen Gesellschaften die Rolle des Mannes, für alle zu arbeiten. Zwar waren die Männer Sklaven der Produktionsmaschine, dies verschaffte ihnen jedoch innerhalb der Familie eine dominante Stellung. Heute sind die Frauen ein fester Bestandteil des Wirtschaftssystems. Einerseits ist die männliche Vorherrschaft damit nicht mehr gesichert mit Männern, die zunehmend auch Zeit zu Hause verbringen, andererseits unterwerfen sich die Frauen zunehmend einem ›männlichen‹ Verhalten, da die Arbeitswelt noch immer von männlichen Gesichtspunkten geprägt wird. Ergebnis: Rollenbilder und gesellschaftlicher Anschein werden immer unsicherer. Das beeinflusst ganz klar unsere Psyche«, sagt der französische Psychoanalytiker Alain Vanier. Unsere sexuelle Identität wird immer unklarer, die Geschlechter vermischen sich. Die Frauen unserer Generation fordern stärker denn je das Recht auf erotische Selbstbestimmung ein. Das, was die Männer seit Jahren tun, ist jetzt von zwei Seiten besetzt und prallt aufeinander: Jeder stellt sich und seine Wünsche in den Mittelpunkt.

Da haben wir ihn wieder, den Dreh- und Angelpunkt unserer Generation: das ICH. Ich will glücklich sein in der Liebe, und ich will glücklich sein im Bett. Das darf man natürlich nicht nur negativ bewerten, denn die Wahlfreiheit und Selbstliebe unserer Generation haben ja auch bewirkt, dass Menschen in einer Liebesbeziehung zwar aufgehen, sich aber gleichzeitig als Einzelne weiterentwickeln können. Zum Problem wird das Ganze nur, wenn wir die Beziehung ausschließlich als Idealmöglichkeit zur Selbstverwirklichung sehen. »Der Raum, in dem das ICH sich ohne jegliche Einschränkungen ausleben kann, ist zum Schauplatz eines radikalen Individualismus geworden … In der Beziehung geht es ihnen weniger um die Herstellung einer Verbindung mit dem anderen als vielmehr darum, ihr Selbst zu entfalten und zu entwickeln. … Das DU wird zum Mittel für das ICH«, schreibt der italienische Philosoph Umberto Galimberti in seinem Buch ›Liebe. Eine Gebrauchsanweisung‹.

Keine Generation hatte so viele Möglichkeiten, sich um ihre eigene Befindlichkeit zu kümmern. Doch das läuft nicht ohne die Kehrseite ab: Selbstsucht und Vereinsamung! Kein Wunder, dass viele Soziologen in der Individualisierung nicht nur eine Chance, sondern auch ein Risiko für Liebesbeziehungen sehen. Ehen, so meinen viele, werden zum Zweck der Selbstverwirklichung geschlossen und zum Zweck der Selbstverwirklichung wieder geschieden. Die Individualisierung ist ihr wichtigstes Motiv und ihre größte Klippe. Man sucht den anderen, um man selbst zu sein, und man trennt sich wieder, um man selbst zu bleiben. Oder, wie man es auf zahlreichen Facebook-Profilen lesen kann: Es ist kompliziert. Das trifft den Nerv der Zeit. Wir müssen neue Regeln finden für ein neues Miteinander, eine neue Form und Art der Liebe. Das, an dem wir uns reiben – dieses Gleichgewicht zwischen

Eigeninteresse und Hingabe –, sollte zu unserer Herausforderung werden und unserer vielleicht nicht mehr ganz frischen Liebe eine neue, positive Spannung verleihen. Keine Verschmelzung, sondern ein stetes Hin und Her. Ein ewiges Abenteuer. Vielleicht ist das ja die neue Romantik.

Hoffnungsvoll schließen wir das Kapitel mit den Worten des großen Bob Dylan: »When the rain is blowing in your face / And the whole world is on your case / I could offer you a warm embrace / To make you feel my love.«

DER SEX DER SPÄT(ER)EN JAHRE – EIGENTLICH SAUGEIL!

Mit dem Sex ist es wie mit der Mode: Jede Generation fährt auf andere Muster und Schnitte ab, manches wiederholt sich und alle meinen, sie müssten mitmachen.

Unsere Generation startete knallig: In den Mief der späten 1970er und die Verlogenheit der Nachkriegszeit platzte 1976 das Buch ›Angst vorm Fliegen‹ der Amerikanerin Erica Jong. Mit über 15 Millionen verkauften Exemplaren gilt das Buch als feministischer Klassiker, denn es brach zu der Zeit mit sämtlichen Tabus besonders im Hinblick auf sexuelle Themen. Die Heldin des Romans liebt den »Spontanfick« (zipless fuck) – die rein körperliche Liebe ohne moralische Bedenken und weitere Versprechen. Die Pille gab es ja bereits, und endlich war es einmal die Frau, die selbstbestimmt ihrer Libido folgte und sich nahm, was ihr gefiel – spektakulär für die Zeit. Ich habe davon nichts mitbekommen, denn ich bin erst 1973 geboren. Doch das, was damals in den Köpfen und Betten vor sich ging, war wegweisend für meine Generation: Der One-Night-Stand war geboren: Spontaner Sex mit Fremden für höchstens eine Nacht wurde zur prägenden Fantasie dieser Epoche.

1986 dann zeigten Mickey Rourke und Kim Basinger eindrucksvoll, was man mit dem Inhalt eines Kühlschranks so alles anstellen kann. An mir ging auch das vorerst noch vorbei. Doch ich hörte meine ältere Schwester des Öfteren mit ihren Freundinnen über Sprühsahne und Satinunterwäsche tuscheln. Ende der 1980er kam das Buch ›Salz auf unserer Haut‹ der französischen Autorin Benoîte Groult heraus und boomte sich schnell in die Herzen der deutschen Frauen und Mädchen. Auch in meines. Während der Roman über die intellektuelle George, ihre Liebe und ihr sexuelles Verlangen nach dem einfachen bretonischen Fischer Gauvin die Französinnen nicht umhaute, stand er in Deutschland zwei Jahre auf der Bestsellerliste. Das Buch war neben der ›Bravo‹-Lovestory mein erster Kontakt mit geschriebenen Sexszenen. Es dauerte nicht lange, bis diese in die Tat umgesetzt wurden. Zahlreiche One-Night-Stands folgten sowie einige kurze und längere Beziehungen. Ich zog aus der Stadt fort und versuchte mich wie so viele zu meiner Zeit in einer Fernbeziehung. Scheiterte. Schließlich kam der einzig Wahre, heute mein Mann und der Vater meiner Kinder.

Und um mich herum? Kam wieder was Neues in Mode: Halb Hollywood kokettierte mit lesbischem Sex. Madonna steckte Britney ihre Zunge in den Mund und Amerika war mal wieder geschockt. Unsere Generation hierzulande nicht, schließlich herrschte wie auch in der Mode das Motto: »Anything goes!« – Alles ist möglich und irgendwie in Ordnung. Doch bei uns setzte sich dieser Trend nur bei den jüngeren Mädels durch. Die meisten meiner Freunde hatten gerade anderes zu tun: Windeln wechseln und der Frage nachgehen, ob man mit einem Kind, das alle zwei Stunden aufwacht, überhaupt jemals wieder Sex haben würde. Inzwischen schlafen die Kinder durch, man hätte also wieder Zeit. Da schwappt schon die nächste Welle über uns: Diesmal ist es SM – Sie wissen schon, Lack, Leder, Peitsche usw. Und wieder ist es ein Buch, das unsere angeblich geheimen Wünsche in Worte fasst und unserem Begehren ein Ventil verschafft. Soso. Ich habe natürlich auch ›Shades of Grey‹ (E.L. James, 2012) gelesen, das sich mehr als 20 Millionen Mal verkauft hat, nur der Recherche wegen. Aber ich finde, SM ist – um wieder die modische Verbindung herzustellen – die Röhrenjeans der Sexpraktiken: kommt immer mal wieder, taucht dann in allen Medien auf, steht aber nicht jedem. Doch irgendwas muss ja dran sein an der Geschichte um Anastasia Steele und Christian Grey. Ich bin mir nicht sicher, ob es unbedingt das Spiel um Dominanz und Unterwerfung ist, das die Frauen an dem Buch mögen. Vielleicht ist es einfach nur das, wonach wir Mittelalten uns alle sehnen – ob verheiratet oder allein, ob mit Kindern oder ohne: nach einem Mann, der nur Augen für uns hat, obwohl um ihn herum ein Dutzend hübscher Frauen lauern. Der sich darum sorgt, ob wir genug essen und ausreichend schlafen. Klingt kitschig? Ist es auch, entspricht – meiner Recherche im Freundeskreis zufolge – allerdings der Realität. Nix mit Fesseln und Baumarkt-Accessoires.

Aber genau hier beginnt die Krux mit dem Sex unserer Generation: Diesen Mann, diesen jungen, erfolgreichen, egoistischen, der mit Kindern nix am Hut hat, den Müll nicht runterträgt und seine Gefühle nur in äußerst intimen Momenten zeigt – den gibt es in unserer Generation so gut wie gar nicht. Auch die Frau, dieses junge Hascherl, die sich selbst immer zurücknimmt, den Mann im Restaurant bestellen und bezahlen lässt und Freude an der Unterwerfung auf allen Ebenen findet – auch die existiert nicht unter den 40- bis 55-Jährigen. Heute haben wir es im Beziehungs- und Sexalltag mit Amazonen und Männern auf der Suche nach Zärtlichkeit zu tun. Denn die Rollen haben sich weiterentwickelt: Männer wurden zusehends weicher, »femininer«, wollen es langsamer und entspannter im Bett. Sie haben Angst, nur als ausgestopfte Pelle betrachtet zu werden. Und die Frauen, die ihr Verlangen inzwischen annehmen und offen äußern wie einst Casanova, wurden in einer entsprechenden Gegenbewegung »männlicher« und mögen heute auch mal den schnellen Sexkick. Ergebnis: Die Orientierungspunkte sind durcheinandergeraten.

Was das Ganze noch erschwert: Um Sex kommt man nicht herum. Er lauert an jeder Ecke, zu jeder Minute. Zur Zeit meiner Eltern gab es zwar schon den ›Playboy‹, aber der wurde natürlich nur heimlich gelesen. Und lag nicht offen auf dem Wohnzimmertisch, wenn Besuch kam. Heute sieht ja schon das Cover einer schnöden TV-Programmzeitschrift aus wie einst der Titel mit den Hasenohren. Dekolletés bis zum Bauchnabel, halbnackte Stars und Männer in Unterhosen, dick gewölbt, schreien uns von den Litfaßsäulen zu: Seid nicht so spießig! Macht euch doch auch frei! Und fickt mal wieder! Wenn ich ab und an am späten Nachmittag den Fernseher für die Kinder einschalte, komme ich an mindestens vier Bettszenen vorbei, bis ich bei Kika lande. Für unsere Generation ist Sex etwas Öffentliches, nichts Intimes mehr. Er scheint alle etwas anzugehen, sonst würde man darüber nicht so offen in Talkshows (O-Ton: »Ich stehe auf ältere Männer«)

oder Interviews (O-Ton Michael Douglas: »Ich liebe Oralsex«) plaudern. Dieser öffentliche, allgegenwärtige Sex führt dazu, dass wir zum einen die Lust daran verlieren und uns zum anderen immens unter Druck gesetzt fühlen. Schon am Morgen, beim Frühstück, wenn ich die Zeitung aufschlage, knallt mir die neueste Sexstatistik entgegen. Abends im Bett blättere ich durchs Modemagazin und stoße auf den praktischen 10-Punkte-Plan für mehr Spaß und Erfüllung beim Sex. Dazwischen schummeln sich noch ein paar anstößige Affären aus Politik und Wirtschaft auf die gedruckten Seiten. Und schon stehe ich mit meiner Sexualität etwas verloren da. Und komme ins Grübeln und denke: Alle anderen haben öfter, wilder und ausgefallener Sex. Nur ich nicht.

Als ich neulich für einen Artikel einen Paartherapeuten interviewt habe, fragte ich ihn so nebenbei: Und, mehr Zulauf heute als früher in der Praxis? Darauf kam prompt die Antwort: Aber sicher, er könne sich vor zerrütteten Paaren kaum noch retten. Was denn das häufigste Thema sei, wollte ich wissen. Na, Sex natürlich!, sagte er ohne Umschweife.

Auch meine Freundin Anja hat es mit einer Therapie versucht. Sie kam nicht mehr damit klar, dass ihr Mann mit der Zeit so ausweichend und zaghaft im Bett wurde. »Wo ist der Hengst von früher hin? Als wir noch keine Kinder hatten?« Anja forderte häufiger Sex, fantasievoller sollte er auch mal sein. Als ihr Mann nicht mitzog, drohte sie ihm mit Trennung. Zusammen gingen sie zum Therapeuten, aber es stellte sich bald heraus, dass Anja inzwischen so selbstbezogen geworden ist, dass sie nichts mehr entbehren wollte. Und so wie bereits im Kapitel Liebe beschrieben (S. 108), sind viele unserer Generation gefangen in der Suche nach ständiger Zufriedenheit und möchten alles haben – auch beim Sex: die »Vorteile« der einen und der anderen Affäre, mal weicher, softer, mal härter, wilder – und der andere muss jeden Augenblick mitziehen, sonst ist er draußen. Ganz nach dem Motto: Gier und geil oder Flucht und hin zum nächsten Sexpartner. Wir wollen alles, während doch gerade der Mangel der Antrieb des Begehrens ist. Aus dieser narzisstischen Spirale kommt man schwer wieder heraus: Denn wenn wir uns alleine bereits vollständig fühlen, brauchen wir den anderen nicht mehr. Dann wird Sexualität höchstens noch zur Nabelschau. Wir beobachten, wie wir geliebt werden: »Liebt er mich ›richtig‹?« Der Genuss reduziert sich auf einen Spiegeleffekt. Er ist weit von dem Versuch entfernt, dem anderen wirklich zu begegnen.

Dabei wäre doch alles so einfach, wenn wir uns schlicht auf das Wesentliche konzentrieren würden. Auf das Ficken, wie Dr. David Schnarch, einer der renommiertesten Sexualtherapeuten weltweit, empfiehlt – und zwar mit genau diesem Wort. Ficken, das ist für Schnarch eine ganz besondere Form des sexuellen Kontakts, eine kraftvolle Sinnlichkeit mit energischen Bewegungen und deftigen Worten, bei der die Rolle der Geschlechter aufgelöst ist.

Denn es geht um die Einheit mit dem anderen, um das Aufgeben von Kontrolle, um ein Öffnen. Schnarch sagt noch etwas, das vor allem uns Mittelalte akut betrifft: Mit 50 liegt der beste Sex noch vor einem! Können wir das glauben? Ja, sagt Schnarch, denn Sex hat überhaupt nichts mit der Jugendlichkeit der Körper oder mit unserem Aussehen zu tun. Wahre Intimität entsteht erst, wenn ein anderer mich kennenlernen darf – und das geht nur, wenn ich mich selbst kenne. Was wiederum erst im »Alter« der Fall ist. Dann erst wissen wir wirklich, was wir mögen und wo unsere Grenzen sind. Und sind, laut Sexperte, auch besser im Bett.

Also, sich einfach mal wieder hingeben, es tun, Liebe machen, ficken, wie auch immer.

Oder wie es der expressionistische Lyriker und Postbeamte August Stramm (1874–1915) schrieb:

Schrecken Sträuben
Wehren Ringen
Ächzen Schluchzen
Stürzen
Du!
Grellen Gehren
Winden Klammern
Hitzen Schwächen
Ich und Du!
Lösen Gleiten
Stöhnen Wellen
Schwinden Finden
Ich
Dich
Du!

DIE LIEBEN KLEINEN – UNSERE NEUEN STATUSOBJEKTE

Wir starten gleich wieder mit einem Dichter ins nächste Thema:

»Das schönste an Kindern ist doch die Nacht, da wir sie der lieben Frau gemacht«, soll Johann Wolfgang von Goethe gesagt haben.

Wir aber drehen das Ganze um und formulieren es folgendermaßen: Das schönste am Sex sind die Kinder, die einen neun Monate später anstrahlen. Kinder sind für viele unserer Generation so wichtig geworden wie es ein guter Job für unsere Eltern war.

Als uns nach langen Jahren des Sich-Entscheidens, Partyfeierns, Shoppens und Karrieremachens nichts mehr einfiel, entdeckten wir den ultimativen Glücksbringer – wir bekamen Kinder. Doch diese Glücksbringer sind narzisstisch besetzt – nach dem Motto: Ich bin toll, mein Kind ist toll! Man sieht uns Eltern heute an, dass wir am liebsten jedem ins Gesicht sagen möchten: »Schau her, und das hab ich auch noch hinbekommen!« Und wie es sich für Glücksbringer gehört, müssen sie hinreichend gepflegt werden und genau das tun wir jetzt mit Inbrunst.

Die armen Kleinen. Was müssen sie leiden unter uns besorgten Erziehungsberechtigten! Es ist unfassbar, was selbst umsichtige Eltern ihren Kindern schon im frühesten Alter zumuten. Chopin als Krippenmusik, Geigenunterricht mit drei, chinesische Vokabeln mit fünf, internationale Schule mit mehrsprachigem Unterricht möglichst ab der ersten Klasse – wie fit für den globalen Wettbewerb sollen sie denn noch werden? Kritiker sprechen längst von »Förderwahn«.

Friedlich in der Wiege zu schlummern und auf die natürliche Entwicklung zu warten, reicht heutzutage nämlich nicht mehr. Mit einer rigiden Agenda sollen die Kleinen zukunftsfähig getrimmt werden. Und das fängt mit Klassik zur Nacht an. Während unsere Eltern einfach die kleine Sandmann-Spieluhr aufzogen, um uns in den Schlaf zu wiegen, muss es heute, bitteschön, mindestens Amadeus sein. Der sogenannte Mozart-Effekt zirkuliert seit Jahren durch die Ratgeberspalten der Frauenzeitschriften. 1993 entdeckten Forscher der Universität von Kalifornien, dass sich der IQ von Probanden kurzfristig um 8 bis 9 Punkte erhöhte, nachdem sie Mozarts D-Dur-Sonate für zwei Klaviere (Köchelverzeichnis 448) gehört hatten. Im Jahr 2010 wertete die Universität Wien in einer Metastudie 40 Untersuchungen zum Mozart-Effekt aus. Ergebnis: In der Summe ist alles großer Quatsch. Höhere IQ-Werte beispielsweise, die in Kalifornien auftraten, werden durch eine allgemein verbesserte Stimmung (»Arousal«) beim Versuchsaufbau erklärt. Rein wissenschaftlich betrachtet, kann man also weiterhin die Red Hot Chili Peppers hören, und dem Kind wird es nicht schaden – allenfalls den Beziehungen zu den Nachbarn.

Sobald das Baby erste Anzeichen von Gestik und Mimik zeigt, schleppt man es zum Babyschwimmen oder in den Pekip-Kurs (»Prager Eltern-Kind-Programm«). Haben wir die lieben Kleinen dann endlich durch die dreisprachige Krippe, den Phorms-Kindergarten, wo sie erste Berührungen mit Power-Point-Präsentationen machen dürfen, bugsiert, kommt die Schule. Und die Lehrer. Die natürlich an den schlechten Noten schuld sind. Oder vielleicht ist es auch die Sitzordnung oder die legendäre Störung ADHS. Was auch immer, sobald es bei den Kleinen nicht läuft, werden sie nicht zu Hausaufgaben verdonnert. Nein, Mutti und Vati stürmen in die Schule und stellen den Lehrer zur Rede. »Mein Arbeitstag teilt sich in zwei Hälften: Vormittags Unterricht, nachmittags Elternbeschwerden«, klagte kürzlich ein Pädagoge in einem Interview. Selbstverständlich wird alles per E-Mail festgehalten – und der Rektor stets cc gesetzt. Der Sohn war in keine Rauferei verwickelt, es handelte sich um einen klaren Fall von

Körperverletzung. Und die Abnahme des Handys im Unterricht? Diebstahl. »Helikopter-Eltern« nennt man dieses Phänomen – besorgte Mütter und Väter kreisen wachsam und besorgt wie Hubschrauber über dem Leben ihrer Kinder. Sie mischen sich ein, in die Freundschaften der Kinder, deren Hobbys und vor allem in den Schulalltag. Viele Eltern aus unserem Bekanntenkreis kennen den Lehrplan der Klasse zwei bis sechs nebst Lernzielen besser als ein Schulrat der Besoldungsstufe A 14.

Jede Zeit prägt ihre Leitbilder – auch das Modell der Eltern. In den 80ern und 90ern waren es die Karriereeltern (vor allem die voll berufstätige Mutter), die nebenbei scheinbar mühelos mehrere Kinder erzogen. Das derzeitige Ideal: informierte, ökologisch-sensible Mamas und Papas, die sich mit der Elternzeit abwechseln, Biobrei von Hand kochen, viel Geld in frühe Förderung stecken und die Kinder nie aus den Augen lassen. So sind die Kleinen auch in der wenigen Freizeit topbehütet. Wildheit kommt nur noch im Fernsehen oder Kino vor, wenn die ›Wilden Kerle‹ den Kids vor der Mattscheibe zurufen: »Alles ist gut, solange du wild bist!« Dabei ist das Wildeste, was ein Neunjähriger heute tun kann, die Rutsche hinaufzulaufen. Wer sein Kind einfach nach draußen zum Spielen schickt, gar ohne Ellenbogenpolster oder Fahrradhelm, riskiert im schlimmsten Fall eine Anzeige wegen Vernachlässigung der Fürsorgepflicht. Die Soccer Moms fahren die Kinder am Wochenende zum Sport. Öffentliche Verkehrsmittel oder gar Fahrten mit dem Rad von einem Ort zum anderen? Viel zu gefährlich, zu lange Wartezeiten, außerdem regnet es ja. Selbst zum Bäcker um die Ecke werden die Kinder ungern allein geschickt.

Dennoch: Die Kinder mögen's offenbar so. Nie war das Verständnis zwischen den Generationen besser als heute, wie die aktuelle Shell-Studie belegt. Drei Viertel aller Jugendlichen wollen ihren Nachwuchs einmal so erziehen, wie sie selbst erzogen wurden. Eine echte Auszeichnung für uns. Die Frage ist nur, ob unsere Kinder jemals erwachsen werden. Psychologen schlagen Alarm: Viele Studenten seien ohne Mami und Papi gar nicht mehr lebensfähig, und umgekehrt versuchten viele Eltern, ihre Heranwachsenden durch Manipulationen und Psychotricks an sich zu binden.

77 Prozent der Eltern, ergab eine Emnid-Umfrage 2012, helfen ihren Kindern vor Klassenarbeiten und Referaten gezielt. Dabei ist ein Referat, das in die Hose geht, nun wahrlich nicht der direkte Weg in die Arbeitslosigkeit. Zumal Referate ja gerade darauf abzielen, den Kindern das selbstständige Erledigen solcher Aufgaben beizubringen.

Schwer zu sagen, warum wir so überaus besorgt um unseren Nachwuchs sind. Unsicherheit wird immer wieder genannt. Wir haben Angst, dass unsere Kinder nicht mithalten können in der globalen Welt, dass sie abgehängt werden, auf der Strecke bleiben. Und wir zweifeln stets am eigenen Erziehungsstil. Nach dem neuen Verständnis: Mein Kind bin ich. Gerät mein Kind nicht »gut«, bin ich auch nicht »gut«. Oder: Eine Vier in Deutsch darf nicht sein – wir sind schließlich Akademiker. Laufen die Kinder nicht wie in einer gut geölten Maschine, wird das eigene Erziehungskonzept sofort infrage gestellt und mithin das Selbst der Eltern. Die Zweifel und die Kritikunfähigkeit werden auch sichtbar, wenn zum Beispiel Fremde die eigenen Kinder ermahnen, weil diese es zu bunt treiben. Da verstehen wir Eltern keinen Spaß, Einmischung ist nicht erwünscht. Dabei war kollektive Erziehung lange

Zeit (vor der bürgerlichen Kleinfamilie) eine Selbstverständlichkeit in Deutschland. Heute ist das unvorstellbar. Denn für unsere Generation steht fest: Kritik an den Kindern ist zugleich Kritik an den Eltern. Greift jemand von außen in die Erziehung ein, dann fühlen sich die Eltern in ihrer Kompetenz angezweifelt. Meiner Mutter wäre es nie in den Sinn gekommen, sich schlecht zu fühlen, wenn ich eine Vier in Deutsch hatte. Oder weil sie es mir erlaubte, das Ballett abzubrechen, obwohl ich gut war.

Die Verunsicherung trifft vor allem Frauen. Dank der seitens der Vorgängergeneration erkämpften Emanzipation waren viele Frauen mitten im Berufsleben, als die Kinder kamen. Und standen nun vor ganz anderen Herausforderungen, als ihre Mütter sie kannten: Beruf und Familie muss unter einen Hut. Dann kamen die Supermamis wie Ursula von der Leyen und wollten allen – auch den Krankenschwestern und alleinerziehenden Kassiererinnen weismachen: Geht doch! Und dazu bestens frisiert. Das macht Druck. Mehr als ein Drittel der deutschen Mütter hat Schuldgefühle – das ergab eine Umfrage der Zeitschrift ›Familie & Co.‹

Das klassische Rollenmuster wird kaum noch gelebt, die Frau mit Kind kann arbeiten. So weit, so gut, aber wenn es um die Betreuung der Kinder geht, scheinen inzwischen nur zwei Muster zu existieren: die Raben- oder die Pelikanmutter, die sich aufopfert. Und die Frauen unserer Generation stoßen sich die Nase blutig an den alten und neuen Rollenmustern, weil sie einfach nicht wissen, was denn nun richtig oder falsch ist – für die Kinder und einen selber.

UNSERE ELTERN – SO FERN UND DOCH SO NAH

Reflektionen über unsere Eltern aus dem Blickwinkel von Stefan:

Jeden Tag um dieselbe Zeit klingelt das Telefon auf meinem Schreibtisch und ich denke an den Song von The Police: »Well, the telephone is ringing, / Is that my mother on the phone? … The telephone is screaming /Won't she leave me alone?«

Und ja, sie ist es. Die typische Unterhaltung zwischen meiner Mutter (83) und mir (56) verläuft dann in der Regel so:

Sie: »Mir geht es schlecht heute, die Schmerzen in meinem Rücken werden immer schlimmer. Und Appetit habe ich überhaupt keinen.«

Ich: »Klar, Mutter. In deinem Alter ist das kein Wunder, da ist man eben nicht mehr so fit wie mit Mitte 60. Aber man merkt dir das nicht an [und in der Tat ist sie heute noch fitter als viele 60-Jährige], du siehst immer noch frisch und munter aus.«

Sie (geschmeichelt): »Findest du? Na, ich weiß nicht, es ist alles nicht mehr so, wie es früher einmal war. Aber als wir uns das letzte Mal getroffen haben, fiel mir auf, dass du mittlerweile genauso viele Falten hast wie ich.«

Ich (schon leicht genervt): »Ist ja kein Wunder. Ich komme kaum zum Schlafen, habe viel Ärger in meinem Job und eigentlich nie Zeit für mich selbst …«

Sie (unverdrossen): »Also, meine Haut war schon immer gut, und die meisten Leute denken, ich sei erst Ende 60, findest du nicht auch, übrigens muss ich dir unbedingt meine neue Bluse zeigen, habe ich heute erst gekauft.«

Ich: »... mein Arzt meint, ich hätte zu hohen Blutdruck und sollte dringend Stress abbauen ...«

Sie: »Die habe ich mir heute in der Stadt gekauft, wenn das nur nicht so anstrengend wäre, mit der S-Bahn und den vielen Menschen durch die Gegend zu fahren, ich bin danach komplett erledigt. Du könntest mich auch mal wieder abholen?!«

Ich (gereizt): »Ich dich abholen, weißt du, wie viel Zeit mich das kostet? Warum nimmst du nicht ein Taxi?«

Sie: »Ja, ja, du hast für alles Zeit, nur für deine alte Mutter nicht. Habe ich dir schon erzählt, dass mit meinen Blutwerten was nicht stimmt, ich werde mich mal im Krankenhaus richtig gründlich durchchecken lassen – kannst du mich wenigstens dorthin fahren?«

Ich: »Wann? Wohin? Ich muss die ganze Woche arbeiten und die Kinder wollen auch was von mir haben.«

Sie: »Übrigens bist du ganz schön grau geworden, mein Sohn, also, wenn ich so einen Gelbstich hätte, würde ich mir die Haare färben lassen, aber ich habe ja ein schönes Weiß, da ist das nicht nötig. Das Wichtigste ist für mich, dass es dir und deiner Frau und den Kindern gut geht, ist doch alles in Ordnung, oder? Und was ich dir noch sagen wollte, also du musst dich unbedingt noch um meinen Handyvertrag kümmern, und meine Vitamin-B12-Aufnahmefähigkeit ist stark beeinträchtigt ...«

Was sagt uns das? Zum einen, dass es wie zwischen allen Generationen kleinere und größere Kommunikationsprobleme gibt, zum anderen, dass sich die Erwartungen auf beiden Seiten nicht decken, aber zum Dritten etwas substanziell Neues: Denn was unsere Generation auszeichnet, ist, dass wir länger mit unseren Eltern leben als jede Generation vor uns (weil unsere Eltern einfach älter werden als unsere Großeltern und Urgroßeltern) und wahrscheinlich auch als die Generationen danach (weil wir heute im Allgemeinen später Eltern werden). Das ist natürlich eine schöne Sache, so hat man länger Zeit, alle offenen Fragen aus der Kindheit und dem frühen Erwachsenenalter regelmäßig immer wieder durchzukauen. Zudem gibt es einem die Gelegenheit, länger Kind zu bleiben. Denn an der elterlichen Wahrnehmung ändert sich ja so leicht nichts, Kind bleibt Kind, egal, ob es 5, 15, 35 oder 55 ist. Vielleicht lässt sich die allgemeine Jugendlichkeit unserer Generation auch so ein Stück weit erklären: Wir sind eben, auch wenn wir bereits lange ausgezogen oder selbst Eltern sind, immer noch Kinder. Und zwar nicht nur psychologisch, sondern ganz materiell: Während in der Vergangenheit die Kinder die Verantwortung für ihre alten Eltern übernahmen und diese finanziell oder im eigenen Haushalt versorgten, treten heute Eltern oft bis weit jenseits der 70 als Finanziers oder Sponsoren ihrer erwachsenen Kinder in Erscheinung.

Das lange Leben unserer Eltern – und wir wollen hier kein Missverständnis aufkommen lassen: das wir ihnen wünschen und gönnen – hat natürlich eine Reihe sozialer, politischer, ökonomischer und demografischer Konsequenzen: Wir Deutschen sind, nach den Japanern und vor den Italienern, das zweitälteste Volk der Welt. Jeder zweite Bundesbürger ist über 45, jeder dritte Wahlberechtigte ist Rentner. Im Jahr 2030 wird laut gängiger Studien der Anteil der über 60-Jährigen mehr als 34 Prozent betragen, jeder 14. wird dann über 80 Jahre alt sein. So jugendlich wir uns auch kleiden und verhalten mögen, wir werden alles in allem eine alte Gesellschaft.

Dies wirft für die nachfolgenden Generationen zwei grundlegende Probleme auf:

1. Der Anteil der zu pflegenden und zu versorgenden Alten wird in den kommenden Jahren noch stärker ansteigen.

2. Unsere Generation wird immer noch an den Schaltstellen der ökonomischen und politischen Macht sitzen und diese (Stichwort: Rente mit 67) auch nicht so schnell räumen.

Während Problem Nr. 1 immer wieder thematisiert wird (und hoffnungslos übertrieben wird, da über 90 Prozent aller über 65-Jährigen in ihrer eigenen Wohnung wohnen, und auch bei den über 80-Jährigen ist dies bei der großen Mehrheit der Fall), ist Problem Nr. 2 weitgehend ausgeblendet. Zum Leidwesen der jüngeren Generationen ist es fast ein Sakrileg, über gesellschaftlichen Stillstand und verpasste Karrieremöglichkeiten laut nachzudenken oder über Gesetze, die die Alten auf Kosten der Jüngeren bevorzugen und ähnliche intergenerative Ungerechtigkeiten. Kein Wunder: Jedes zweite Mitglied von CDU und SPD ist über 60 Jahre alt. Und dementsprechend sieht die politische Arbeit aus: Auch wenn jeder vierte Bundesbürger unter 15 nicht richtig lesen und schreiben kann, jede dritte Alleinerziehende mit Kindern unter der Armutsgrenze lebt: Wahlgeschenke gibt es eher für die ältere Generation. Wie zum Beispiel die in den Koalitionsverhandlungen thematisierte Mütterrente oder die von der SPD geforderte abschlagsfreie Altersrente ab 63. Die Schulzeit bis zum Abitur hingegen wurde um ein Jahr verkürzt – was für unsere Generation bedeutet: Wir müssen unsere Kinder schneller und dadurch mit viel mehr Druck durch das Gymnasium bringen.

Einer unserer Leitsprüche im jungen Erwachsenenalter war »Trau keinem über 30«, wir hatten das erklärte Ziel, nie so zu werden wie unsere Eltern – und in der Tat werden wir auch nie in diese Gefahr geraten: Wir werden keine üppigen und sicheren Renten bekommen, dafür werden wir länger und härter arbeiten müssen als jemals zuvor, und wir bezahlen auch noch wesentlich höhere Steuern und Sozialversicherungsbeiträge. Um fair zu bleiben: Das machen wir alles gern, dafür mussten wir auch nicht Nazizeit, Krieg, Vertreibung und die Entbehrungen der Nachkriegsjahre erleben.

Reflektionen über unsere Eltern aus dem Blickwinkel von Claudia:

Das Abendessen mit unseren Freunden lag schon lange zurück, als mich Susanne neulich anrief, um sich noch mal für die interessanten Gespräche zu bedanken. Es war kein einfaches Telefonat – nicht aufgrund der Themen, sondern der Hintergrundgeräusche. Ständig übertönte lautes Klappern von Tellern und Tassen ihre Stimme. Mehrmals rutschte meiner Freundin der Hörer aus der Quetsche zwischen Schulter und Ohr.

»Mensch, was machst du denn da die ganze Zeit?«, sagte ich irgendwann genervt.

»Meine Eltern kommen gleich zu Besuch, Kaffee und Kuchen, du weißt doch, wie das ist. Ich versuche, die Wohnung halbwegs auf Vordermann zu bringen«, entgegnete Susanne.

Ich dachte an meine Mutter, die ich schon länger nicht mehr gesehen hatte. Sie wohnt 600 Kilometer weit entfernt. Wir telefonieren mehrmals die Woche, viel öfter, als wir das früher taten. Meistens rufe ich sie an, oft ohne ersichtlichen Grund. Einfach so, ein Hallo, wie geht es dir, was machst du so. Manchmal denke ich dabei: Hoffentlich nerve ich sie nicht mit meinen ständigen Anrufen. Früher, noch vor zehn oder 15 Jahren, haben wir uns maximal einmal in der Woche gesprochen. Na gut, inzwischen habe ich Kinder und sie als Oma ein Recht darauf zu erfahren, wie ihre Enkel sich entwickeln, die sie ja selten sieht. Aber eigentlich reden wir kaum über die Kinder. Eher über mich. Manchmal frage ich sie nach ihrer Meinung, aber meist will ich einfach nur erzählen, etwas loswerden. Ohne dass es bewertet wird. Und ich will ihre Stimme hören, vielleicht beruhigt mich das. Zu wissen: Sie ist noch da, ich habe, wie man so schön sagt, noch allernächste Angehörige. Womöglich suche ich auch die Bestätigung: Noch bin ich nicht an der Reihe, da ist ja eine Generation vor mir.

»Kannst du dir das vorstellen: Mein Mann sagte gestern zu mir, ich würde meiner Mutter immer ähnlicher werden! Ich war schockiert. Und habe erst mal in Ruhe überlegt: Was meint er? Vielleicht meine Stimme? Meinen Putzfimmel wohl kaum. Bei meiner Mama herrscht immer Chaos«, platzte es aus Susanne heraus in den Hörer. »Ich liebe meine Mutter, aber ein Vergleich mit ihr? Ein Alptraum. Steht sie doch für all das, was ich nie wollte. Angepasst, dem Ehemann Socken und Krawatten rauslegen, im Hauptberuf Hausfrau und Mutter«, sagte meine Freundin weiter.

Es gibt ein Wort für die Angst, so zu werden wie Mama: Matrophobie. Klingt furchtbar, ist aber weit verbreitet. Auch in meinem Bekanntenkreis, wie eine kurze Umfrage ergab, bei der sich allerdings herausstellte: So sehr man sich anstrengt und verbiegt, es ist unumgänglich, dass man in einigen Charakterzügen seiner Mutter ähnelt. Der Göttinger Hirnforscher Gerhard Roth spricht von einer »Urbindung«, die während der Schwangerschaft angelegt wird. Da kommt keiner drum herum: Die Mutter nährt uns, spiegelt jedes Gefühl in ihrem Gesicht wider und wird zum Wegweiser für das Neugeborene in dieser unbekannten Welt. Da schaut man sich natürlich einiges ab. Und Mama wird die Beste, Schönste, Größte. Man mopst ihren Lippenstift, beobachtet, wie sie sich bewegt und anzieht. Doch irgendwann, spätestens in der Pubertät, guckt man hinter den Zauber aus warmem Vanillepudding und Lockenwicklern. Und erkennt: Mutti rackert sich ab, aber keiner dankt ihr's. Nicht ihr Mann, nicht ihre Kinder, nicht einmal ihre eigenen Eltern. Von da ab ist klar: niemals, nicht mit mir. So werde ich nicht enden. Ich mache alles anders.

Doch so einfach ist das nicht: Sehe ich mich in meinem kleinen, engen Freundeskreis um, wo mir auch die Eltern bekannt sind, stelle ich fest: die gleichen Gesten, das gleiche Lachen und sogar das gleiche Messerset. Manche wählen denselben Beruf wie die Eltern, andere tradieren Redensarten und Verhaltensregeln, wovon meine Schwester kürzlich in einem Telefonat ein schönes Beispiel gab. Wie hat es uns einst genervt, wenn Mutter ihre zahlreichen Sprüche auf uns niederprasseln ließ: »Nicht so nah an den Fernseher, ihr bekommt ja ganz quadratische Augen«, rief sie meiner Schwester und mir allabendlich zu. Nun hörte ich unseren Lieblingssatz über die viereckigen Augen aus dem Mund meiner Schwester, knapp zehntausend Kilometer entfernt – sie lebt inzwischen mit Mann und zwei Töchtern in den USA. Die Tochter stöhnte nur entnervt, und wir mussten beide lachen. Auch bei mir finden sich Ähnlichkeiten mit meiner Mutter: Sie hat nie meinen Kleidungsstil kritisiert, selbst dann nicht, wenn ich mit Männerpyjamahosen vom Flohmarkt aus dem Haus ging, weil ich das so unglaublich cool fand. Auch ich sage nie etwas über das Äußere meiner Jungs, außer, sie fragen mich nach meiner Meinung.

Heute habe ich manchmal dieselben Ängste wie meine Mutter damals, als ich Kind war. Plötzlich mag ich nicht mehr so gerne Fahrstuhl fahren, aus Panik steckenzubleiben. Auch das Besteigen hoher Türme ist für mich kaum noch verlockend. Früher habe ich mir nie darüber Gedanken gemacht, warum meine Mutter immer unten auf uns wartete, während mein Vater mit uns Kindern auf den Eiffelturm fuhr oder im Wiener Prater zwei Runden im Riesenrad drehte.

Beim Kochen und Einrichten allerdings gehen wir unterschiedliche Wege: Meine Mutter ist ein großer Fan von Tütensuppen und -soßen. Sie vergöttert die Erfindung der Tiefkühltruhe, die immer bis zum Bersten vollgestopft ist – früher mit Toast Hawaii, Bihunsuppe, Leipziger Allerlei, Kroketten, Schlemmerfilet und Fürst-Pückler-Rolle. Dafür ist jeder Kuchen selbstgebacken nach komplizierten Rezepten. Bei mir ist das umgekehrt: Für den Kuchen wird eine Backmischung (selbstverständlich aus dem Bioladen) zusammengerührt, in meiner Tiefkühltruhe herrscht gähnende Leere (nur das Stangeneis für die Kinder ist immer vorrätig), dafür wird für jede Suppe frisches Gemüse geschnippelt. Während bei meiner Mama Trockenblumensträuße und selbstgebastelte Fimo-Schilder mit Katzen- oder Strandmotiven anno 1979 an den vier Wänden hängen und munter bunte Fliesen mit noch bunteren Teppichen und bestickten Kissen gemixt werden, mag ich es gerne schlicht. Als mein Vater letztes Weihnachten in unsere Wohnung kam, in der wir seit zwei Jahren leben, meinte er: »Ach, ihr Armen, ihr habt es noch gar nicht geschafft, alle Kisten auszuräumen – soll ich euch helfen?« Ich mag keinen Nippes, bei uns steht kaum etwas zur Dekoration herum, und man findet in unserer Wohnung nur drei Farben: Weiß an den Wänden, Braun auf den Dielen und Rot bei Sofa und Kissen. Meine Eltern würden sich sicher nicht lange wohlfühlen – zu karg das Ganze.

Auch unsere Lebenswege unterscheiden sich und sind stellvertretend für unsere jeweilige Generation: Meine Mama, geboren in der Bombennacht von Dresden, hat aufgehört zu arbeiten, als die Kinder kamen. Sie war darüber nicht unglücklich, hatte immer etwas zu tun, lernte Französisch an der Volkshochschule, spielte regelmäßig Tennis mit meinem Vater, brachte sich bei, wie man Kosmetik selbst macht, und fiel auch, als wir auszogen, nicht in das bekannte schwarze Loch: Hilfe, die Kinder sind weg, was mache ich nur? Ganz im Gegenteil, da begann Leben Nummer 2 für sie: das Reisen. So wie viele ihrer Generation ist sie mit ihrem Mann stets auf Achse: Heute das Schwarze Meer, morgen die Schlösser der Loire, und im nächsten Jahr soll es nach Japan gehen. Zu Hause sitzen, Däumchen drehen, ›Musikantenstadl‹ schauen und das Geld für die Kinder zusammenhalten – so wie ihre eigenen Eltern es getan haben? Fehlanzeige. Eine kleine Rebellion gegen das Alter einerseits, eine neue Lust am Individualismus andererseits.

Während weder die Vorbildfunktion der Eltern auf die Kinder noch die Abgrenzung von ihnen spezifisch für unsere Generation steht, so ist doch eines neu im Eltern-Kinder-Kosmos: Wir sind die erste Generation, die ein freundschaftliches Verhältnis zu ihren Eltern pflegt. Während es in der Generation meiner Eltern noch den Herrn Vater und die Frau Mutter gab, die alles entschieden, diskutierten wir mit unseren Eltern, stimmten oft gemeinsam ab, besprachen uns, vertrauten uns so manches gegenseitig an. Diese Haltung geben wir heute wiederum an unsere Kinder weiter. Auch hier entstehen Teams von Eltern und Kindern, die sich absprechen und gemeinsam entscheiden.

Dieser Austausch zwischen den Generationen geht sogar so weit, dass ich behaupten möchte, die Jugendlichkeit, die wir vorleben, animiert auch unsere Eltern – während sich keine Generation zuvor jemals im Alter an den Jüngeren orientiert hat. Das ist gut so – noch nie gab es so fitte, moderne und mobile alte Jahrgänge – und somit noch nie so jung gebliebene Omas und Opas.

Ü40

WIE WIR LEBEN

GENERATION GOOGLE – WIR HALBWISSENDEN

Mein Onkel war nur auf der Realschule. Er konnte noch in seinem 65. Lebensjahr Schillers ›Glocke‹ auswendig. Ich habe in meiner gesamten Gymnasialzeit keine Zeile von Schiller gelesen und nur einen winzigen Ausschnitt von Goethes ›Werther‹. Unser Deutschlehrer war ein esoterischer Sonderling, der, so flüsterte man, einen Sandhügel im Wohnzimmer hatte, um darauf zu meditieren. Er gab uns Novalis und ließ uns die Blaue Blume der Romantik suchen. Und setzte uns Ulrich Plenzdorf mit den ›Neuen Leiden des jungen W.‹ vor. Auch sogenannte Arbeiterdichter wie Alan Sillitoe waren schwer angesagt, außerdem sollten wir selbst viel schreiben, einfach ganz kreativ aus uns herausgehen – Ergüsse, die später in einer violett eingebundenen, mit Heftklammern zusammengehaltenen Literaturzeitschrift namens ›Zodiac‹ (Auflage: 80) veröffentlicht wurden. Es waren die 80er-Jahre, und unsere Lehrer waren Spät-68er – und ihrerseits die letzte Generation, die in der Schule noch körperlich gezüchtigt worden war. Goethe schien ihnen zu spießig, sie wollten mit dem klassischen Bildungskanon brechen. Was würde ich drum geben, ein Werk wie ›Faust‹ in der Schule gelesen zu haben – wer wäre nicht fasziniert gewesen? Im Fremdsprachenunterricht war es nicht besser: Ich hatte neun Jahre Englisch, darunter zwei Jahre im Leistungskurs. Nie haben wir nur eine Zeile von Shakespeare vorgesetzt bekommen.

Mein Onkel kennt jede Schlacht und jeden Feldherrn der Napoleonischen Kriege und weiß, was Lessing wann im Harz gemacht hat. Ein weiterer Onkel ist Organist und besessen von Johann Sebastian Bach. Er kann alle seine Stücke spielen, viele davon ohne Blatt, und um sie im Original genießen zu können, hat er sich in dreijähriger Arbeit ein Spinett gebaut, dessen Hämmer, sogenannte Kiele, die Saiten sanft anzupfen. An so einem Musikinstrument saßen nämlich Bach und seine Zeitgenossen.

Ich wünschte, ich wäre wie sie. Wahrscheinlich sind wir die erste Generation des kulturellen Mittelmaßes. Weil Verständnis, Gruppenarbeit und der Wille zur Weltveränderung in den Bildungsanstalten unserer Kindheit und Jugend herrschten, wurde der klassische Kanon über Bord geworfen. Wir müssen uns Wikipedia ausliefern, um all jenes nachzuschlagen, was wir so gern wissen würden. Tolstois ›Krieg und Frieden‹ las ich beim ersten Mal mit parallel geöffnetem Online-Lexikon, um all die geheimnisvollen Namen besser einordnen zu können. Michael Andreas Barclay de Tolly, Levin August von Bennigsen, Michail Kutusow: Ja, ein Gymnasiast der 50er-Jahre hätte diese Personen gekannt.

Noch ein Beispiel aus meiner progressiven Schulzeit: Ich war in der ersten deutschen Schulklasse, die Japanisch statt Latein wählen durfte. Also lernten wir von der neunten Klasse bis zum Abitur Kanji, Hiragana und Katakana und wurden in vielen Zeitungsartikeln als Avantgarde bezeichnet. Was wollte man schon mit einer toten Sprache? Außerdem ging man um das Jahr 1988 noch davon aus, dass Japan spätestens zur Jahrtausendwende die Wirtschaftswelt beherrschen würde. Tja, hätten wir mal lieber Chinesisch gelernt. Immerhin: Weil wir als Speerspitze alte Zöpfe wie Latein abschnitten, bekamen wir zur Belohnung in jedem Halbjahr Einsen.

In den 50er- und 60er-Jahren gab es im deutschen Fernsehen eine erstaunlich erfolgreiche Fernsehsendung, moderiert von Heinz Maegerlein, der als Kommentator eines Weltcup-Skirennens Ruhm mit dem legendären Satz »Tausende standen an den Hängen und Pisten« erlangte. Maegerleins Sendung hieß ›Hätten Sie's gewusst?‹. Eine simple Quizshow, bei welcher der Kandidat, der alles wusste, mit einer BMW Isetta belohnt wurde. Ich habe die Sendung nie gesehen, aber in der üppigen Bibliothek meines Onkels stand das Buch dazu. Der Band war sortiert nach Themengebieten wie Geografie, Politik, Kultur, Geschichte, Natur und noch einigen anderen. Abgefragt wurde der klassische Bildungskanon, und auf dem Titel war Heinz Maegerlein mit erhobenem Zeigefinger abgebildet, wie der Lehrer der Nation. Als Zehnjährige prüfte ich jeden Abend meinen Onkel. Er kannte die Antwort auf jede einzelne Frage. Die Schlacht von Borodino? Die erste Wagner-Oper? Wer gewann 1955 den Nobelpreis für Literatur? Kein Problem. Mein Onkel wusste einfach alles. Er hat bis heute die Muße, jede Ausgabe des ›Spiegel‹ und der ›FAZ‹ von der ersten bis zur letzten Seite durchzulesen. Wer von unserer Generation hat noch die Zeit, jeden Morgen in die Tageszeitung reinzuschauen? Nein, wir sind Instant-Konsumenten von Halbwissen geworden. ›Spiegel Online‹ heißt unsere Startseite. Auf Facebook ergötzen wir uns an der Seite »Unnützes Wissen«, auf der erklärt wird, warum Pinguine nicht mit ihren Füßen am Eis festfrieren und warum Stripperinnen an ihren fruchtbaren Tagen mehr Trinkgeld kassieren.

Wir wissen, dass Heinz Maegerlein einen sehr lustigen Satz gesagt hat, aber wie heißt die Hauptstadt Australiens? (Tipp: nicht Sydney, nicht Melbourne.)

Natürlich: Bildung macht niemanden zum besseren Menschen. Viele große Schurken und Diktatoren brillierten in Latein und Griechisch, und so mancher KZ-Aufseher konnte Haydn auf der Geige spielen. Dennoch: Was wäre uns für eine großartige Welt verschlossen geblieben, hätten wir Shakespeares ›Julius Caesar‹ oder Schillers ›Maria Stuart‹ nie gelesen? Oder nie die Begegnung mit ›Rot und Schwarz‹ oder ›Anna Karenina‹ gemacht? Beherrschen wir dafür andere Dinge, die unseren Eltern verschlossen blieben? Mag sein: Wir sind zum Beispiel damit vertraut, wie man den Speicherplatz eines MacBooks optimiert, wie man im Internet den besten Hotelpreis findet und mit dem iPhone bessere Fotos macht. Aber dieses moderne Knowhow hält keinem Vergleich stand, denn dafür wussten unsere Eltern, wie man Zündkerzen wechselt, wie man eine Tanne von einer Fichte unterscheidet und wie man einen Strammen Max zubereitet. Nein, die Tastaturkombination für den Neustart unseres Laptops zu beherrschen, verschafft uns keinen Wissensvorsprung, sondern fällt in die Kategorie generationstypische Kenntnisse.

Wir müssen zugestehen: Die Generationen vor uns hatten eine umfassendere Bildung. Sie konnten Dinge einordnen, bewerten, vergleichen. Wir suchen uns die Meinung, die uns passt, bei einem der vielen Online-Kolumnisten heraus. Ob klassischer Amerika-Hasser oder progressiver Konservativer: Fixe Argumentationsketten werden für jede Ansicht geliefert. Haltung ist ein Fremdwort geworden, staatsbürgerliches Denken auch. Unsere Halbbildung lässt uns den Überblick verlieren und reflexhaft protestieren, ohne die Hintergründe oder die größeren Zusammenhänge zu kennen. Stuttgart 21, Prism-Skandal, die bösen Japaner und ihr Walfang: Weil es allzu einfach ist, wird das Naheliegende nachgeplappert. Beim nächsten Shitstorm sind wir dabei. Das ist der einfachste Weg, uns und unserer Umwelt eine Überzeugung zu suggerieren.

Auch bei den politischen Eliten zeigt sich die Zerfaserung des Bildungskanons: Richard von Weizsäcker stammt aus einer der angesehensten Forscherfamilien des 20. Jahrhunderts, und Helmut Schmidts Wissen über globale Vorgänge ist zumindest bemerkenswert. Übrigens spielt er auch ausgezeichnet Klavier. Christian Wulff dagegen verschickte einst in besseren Zeiten zu Weihnachten Grußpostkarten, die ihn und seine Familie beim Spielen der Blockflöte zeigten. Sigmar Gabriel, nun ja, stammt aus Goslar.

Keine Frage, die Moderne hat uns zu sozialen Amöben gemacht. Google ist unsere Mutter geworden. Wer hat noch nicht die praktischen Fragen des Alltags gegoogelt, etwa wie man Rotweinflecken aus dem Hemd bekommt und ob ein heißes Bad wirklich gegen den Schnupfen hilft? Früher haben wir daheim angerufen. Zugegeben, Google wie Wikipedia sind ein unglaublich angenehmer Luxus. Doch der Wissenstransfer von Generation zu Generation findet nicht mehr statt. Selbst Rezepte können wir uns inzwischen im Netz vorkochen lassen. Klar, dass somit Mamis Bratkartoffeln in Vergessenheit geraten. Und erst recht alle Hausmittelchen gegen Erkältung.

Wir haben noch in Bibliotheken gelernt und studiert, zum Arbeiten benutzen wir aber Google und Wikipedia. Ehrlich, wann waren Sie zuletzt (real, nicht im Netz) in einer Bibliothek? Lange her, oder? Erinnern Sie sich noch, wie aufregend es war, in Papas ›Brockhaus‹ zu blättern? Über ferne Länder, fremde Bräuche und skurrile Persönlichkeiten zu staunen? Den Sternenhimmel auf einer Karte zu betrachten oder Michelangelos Sixtinische Kapelle auf einem Altarfalz? Es war eine unstrukturierte, aber aufregende Art des Erkenntnisgewinns. Selbst wenn man einen festen Vorsatz hatte und nur ein Stichwort nachschlagen wollte, blieb man oft genug stundenlang kleben und reiste durch die Welt des Wissens. Man lernte eine Menge nutzloses Zeug, aber ganz sicher blieben auch spannende Fakten haften. Vielleicht brachten sie den einen oder anderen von uns zu seiner Passion oder sogar zu seinem Beruf.

Und heute? Tja. Nur so viel: Die Sixtinische Kapelle findet man inzwischen virtuell in einer spektakulären 3D-Sicht bei vatican.com. Sehr beeindruckend. Aber früher, im Brockhaus, hätte man auch noch mehr oder weniger zufällig einiges über den Sextanten, die Sixtinische Madonna in Dresden und die Weltgeschichte der Syphilis erfahren.

Es bleibt die Frage, ob der klassische Bildungskanon unserem gesammelten Halbwissen überlegen ist. Ob es wirklich erstrebenswert ist, sich mit Musik und Literatur zu beschäftigen, Kunstausstellungen zu besuchen und Biografien großer Persönlichkeiten zu lesen – und ob es uns zu glücklicheren, erfüllteren Menschen macht.

Im ›New Yorker‹ gab es vor einigen Jahren einen wunderbaren Cartoon, der diese Frage perfekt beantwortete. Er zeigte nichts als eine trostlose Wüstenlandschaft. Darunter stand: »Life without Mozart«.

Alles klar. Wir wollten die Welt verändern. Studierten Germanistik oder Philosophie, um Schriftsteller zu werden. Studierten Architektur, um den Menschen ein besseres Wohnen in schöneren Häusern zu ermöglichen. Träumten beim Jurastudium von einer eigenen Anwaltskanzlei, um den Menschen zu mehr Gerechtigkeit zu verhelfen.

Die Realität sieht so aus: Martin hat Architektur studiert und das Studium mit sehr guten Noten abgeschlossen. Seit 14 Jahren arbeitet er bei einem gigantischen Wohnungsbaukonzern mit angeschlossenem, ebenso beeindruckend großem Architekturbüro. Er ist einer von 60 Architekten, und er ist für die Fenster zuständig. Ebenfalls seit 14 Jahren. Immerhin: Er ist inzwischen der Fensterspezialist für alle neuen Projekte, eine Kapazität auf seinem Gebiet, kennt sich bestens aus mit Wärme-, Lärm- und Einbruchschutz, mit Beschlägen, Griffen und Energieeffizienz. Fenster heißen längst nicht mehr Fenster, sondern Fenstersysteme, und die renommiertesten Hersteller laden ihn auf Incentives ein.

Yvonne hat Germanistik studiert, doch mit der Schriftstellerei hat es nicht geklappt – sie hat es, ehrlich gesagt, nie richtig versucht, desillusioniert, gestresst und verängstigt allein schon von der Aufgabe. Immerhin macht sie was mit Büchern: Sie arbeitet als Lektorin in einem Fachverlag für juristische Texte.

Heike, eine Überfliegerin seit der Grundschule, hat nach dem Abitur (Notenschnitt 1,1) Medizin studiert. Beim Erstellen ihrer Doktorarbeit verrannte sie sich immer tiefer in den akademischen Dschungel. Nun hängt sie in der Forschung, und sie ist sich selbst nicht sicher, ob sie damit glücklich ist. Eine eigene Praxis, von der sie zu Beginn ihres Studiums noch geträumt hat, ist fern. Zu ihrem Fachgebiet gehört die Angstforschung, Tierversuche sind dabei die Regel. Auch das entspricht nicht dem, was sie sich vorgestellt hat.

Am beispielhaftesten für unsere Generation ist vielleicht die Geschichte von Ralf, dem Juristen mit Schwerpunkt Miet- und Wohnungsrecht. Der Traum von der eigenen Anwaltskanzlei hatte sich nach dem Studium schnell erledigt. In München gibt es Anwaltskanzleien in jedem Altbau – und Altbauten finden sich in München reichlich. Er arbeitet für eine große Wohnungsbaugesellschaft, also nicht für die Mieter-, sondern für die Vermieterseite. Als wir uns noch wöchentlich zum Fußballspielen im Park trafen, war er überzeugt davon, einst vielen, vielen Menschen helfen zu können. Sozusagen als Maulwurf würde er aus diesem krakenhaften Großkonzern wertvolles Wissen abziehen, um den Mietern unter die Arme zu greifen.

Es kam, wie es kommen musste: Nach anderthalb Jahrzehnten hatte Ralf in der Rechtsabteilung des Konzerns Karriere gemacht und war nun für ganz Süddeutschland zuständig. Bei Grillabenden (Fußball wird nicht mehr gespielt, zu schweißtreibend, zu gefährlich für Gelenke und Bänder) weiß er die reinsten Horrorgeschichten von säumigen Mietern, dreisten Nomaden und Räumungsunwilligen zu berichten, von Messies, Migranten und renitenten Unterschichtlern. Er hat auch mental die Seiten gewechselt; über seinen einstigen Enthusiasmus, für die Rechte des kleinen Mannes kämpfen zu wollen, lächelt er längst und erzählt stattdessen von den fiesen juristischen Tricks der Mieteranwälte. Der Wunsch zur Weltverbesserung ist ihm abhandengekommen. Zumal sein

Vertrag diverse Boni für gewonnene Prozesse und eingetriebene Außenstände vorsieht.

Unsere Generation, das ist auch die Generation »Mühelos«. Die modernisierte Welt und der leicht verfügbare Wohlstand haben uns bequem gemacht, wir halten uns nur noch in der Komfortzone auf. Ausgerechnet wir, die wir so angenehm ins Leben gestartet sind und hervorragende Bildungschancen hatten – wir sollten doch die Welt eigentlich gestalten und verändern. Aber wir beschäftigen uns vor allem mit uns selbst und richten uns behaglich ein. Beruf – das ist schließlich nur zum Geldverdienen, reden wir uns im besten Fall ein. Die Selbstverwirklichung könne ja in der Freizeit stattfinden. Dass die aber schnell durch Familie und Kinder aufgebraucht wird, gestehen wir uns ungern ein. Und so schauen wir mit Mitte 40 plötzlich dumm drein. Fehlt da nicht was?

In den Job sind wir längst nicht so geradlinig gestartet wie unsere Eltern. Nach dem Studium wurde hier und da ein bisschen gejobbt, man machte Praktika und Volontariate, ging vielleicht auch mal ins Ausland, sammelte Erfahrung. Dann die erste Stelle, hier legten sich bereits die Ersten fest, die anderen wechselten nochmals die Firma und die Stadt, bis auch sie endgültig hängen blieben.

Aber es ging eigentlich immer bergauf, man musste sich nicht wirklich durchbeißen. Vielleicht ist gerade das ja mehr Hemmnis als Ansporn, denn die meisten unserer Generation haben sich schließlich eingeigelt, erledigen ihre Aufgabe zwar gut, aber mehr auch nicht. Viele von uns bleiben als Arbeitnehmer eher unsichtbar, kaum einer, der sich wirklich hervortut. Wir drehen uns lieber um uns selbst. Es sind die anderen, über die man spricht, die Alt-68er oder die Jungen, wie Zuckerberg und Kollegen. Da wir nie kämpfen mussten, ist bei vielen von uns der Kampfgeist nicht besonders ausgeprägt. Stattdessen wächst die Angst vor dem Risiko mit jedem Jahr, das wir älter werden.

Außerdem sind wir die erste Generation, die das klassische Karrieremuster hinterfragt und sich Gedanken über eine Work-Life-Balance macht. Dieser Begriff wurde zum Schlagwort zu Beginn des Jahrtausends. Die meisten von uns sind top ausgebildet, haben aber keinen Drang, noch mehr aus sich herauszuholen oder gar noch mehr Verantwortung zu übernehmen. Wir lieben es kuschelig, keine Probleme, zumindest nicht mehr als unumgänglich. Das Privatleben ist für uns ein wichtiger Ausgleich zum Berufsalltag.

»Arbeit soll Spaß machen«, sagen viele unserer Freunde. Selbst hartgesottene ehemalige Überstundler wie Medienmacher oder Werber sind längst auf den Trichter gekommen, dass es noch etwas anderes gibt, als Slogans zu erfinden – und das jeden Abend bis 23 Uhr. Wusste doch bereits Raymond Chandler, dass »neben Schach eine Werbeagentur die größte Vergeudung menschlicher Intelligenz ist«. Es waren in unserer Generation lange Zeit vor allem diese zwei Berufsfelder, die von einem besonderen Glamour umweht wurden. Bis heute ist mir schleierhaft, woran das lag. Denn die Zeiten, in denen man als Journalist täglich auf rauschenden Partys Champagner trank und sich mit den Schönsten der Schönen tummelte, waren längst vorbei, als ich meinen ersten Praktikumsvertrag bei einem deutschen People-Blatt unterschrieb. Aber gerade hier, in den Medien und der Werbung, tummelten sich all jene Geister, die einst etwas mit weltverändernder Wucht und Wirkung unternehmen wollten – all die Germanisten, Anglisten, Romanisten, Philosophen, Historiker und

Soziologen haben in den Agenturen und Redaktionen ihr Auffangbecken gefunden, in welchem es sich bequem planschen ließ. Wer Maschinenbau oder Elektrotechnik studierte, war wenigstens ehrlich zu sich und wusste, wohin die Reise gehen würde. Wer aber noch bei der Studienwahl von einem wie immer gearteten kreativen Dasein träumte, der fand sich schnell in den Fängen einer großen, gutgeölten Marketingmaschinerie wieder – erst als Praktikant, dann als freier Mitarbeiter mit stetig wachsender Karotte vor der Nase und irgendwann als gutbezahlter Vollzeit-Werber. Der Absprung? Schwierig.

Neben den Medien und der Werbung stieg noch ein Job in den Arbeitsolymp: der des Unternehmensberaters. Ein alter Klassenkamerad von mir hatte sein Chemiestudium mit Bestnoten abgeschlossen und wurde zum Vorstellungsgespräch bei einem der größten deutschen Beratungskonzerne eingeladen. »Sie wissen aber, dass ich Chemie studiert habe und von Betriebswirtschaft nichts verstehe?«, sagte er zu Beginn des Gesprächs. »Uns reicht es, dass Sie den Unterschied zwischen Einnahmen und Ausgaben kennen«, antwortete der Personalchef, »den Rest bringen wir Ihnen schon bei.« Acht Jahre blieb er bei dem Konzern, wurde vor allem in den Benelux-Ländern eingesetzt, arbeitete hart, verdiente gut, danach nahm er sich eine zweijährige Auszeit, verreiste, heiratete. Inzwischen ist er bei einem großen deutschen Automobilkonzern fürs Amerikageschäft zuständig und der Aufstieg in den Vorstand nah. In zwei, drei Jahren will er erneut ein langes Sabbatical einlegen. Vielleicht für immer.

Geld genug hat er verdient, das Haus ist gebaut, der Sohn gezeugt und abgesichert.

Doch so viel Freiheit können sich nur die wenigsten leisten, die meisten hängen in ihrer Arbeitswirklichkeit fest. Die Welt wartet nicht gerade auf einen 45-Jährigen, der sich als Drehbuchschreiber neu erfinden will, der einen Bootsverleih in der Karibik oder eine Yogaschule in Berlin gründet oder jetzt endlich seinen Roman verfasst. Schon Charles Bukowski hatte eine Ahnung davon: »Mit 25 ist es noch leicht, als Genie zu gelten. Mit 40 musst du richtig was dafür tun.«

Dazu kommen halbgare Entschuldigungen: die Kinder. Das Wochenendhaus. Die Raten für den A6. Und so bleiben wir zu lange in unserem Arbeitstrott und richten es uns einigermaßen gemütlich ein. Mit jedem Jahr rückt der Traum von einem erfüllteren Job ein Stückchen weiter weg. Und am Ende bleibt das nagende Gefühl, dass ein richtiges Leben im falschen nur schwer möglich ist. Oder etwa doch?

ARBEITEN HEUTE – UND WAS DIE ZUKUNFT UNS NOCH BRINGT

»Unproduktiver, technikfeindlicher Grufti – so hat mich mein Sohn heute bezeichnet«, schallt es in mein Ohr. Ich telefoniere gerade mit einem alten Arbeitskollegen. Er, pflichtbewusster und hochmotivierter Controller eines mittelständischen Unternehmens, topfit und seiner Meinung nach mit 50 auf dem Zenit seines Lebens, erzählt mir von dem deprimierenden Gespräch mit seinem gerade erwachsenen Sohn. Sie hatten sich getroffen, um die Finanzierung des Studiums zu besprechen, nachdem sich sein Sohn für ein Studium der Kunstgeschichte (ausgerechnet: wenig ertragreich) in München (ausgerechnet: teuer) entschlossen hatte. Einwände seines Vaters gegen seine Wahl wollte er nicht gelten lassen, und irgendwann entspann sich dann eine Grundsatzdiskussion über das Thema »Alter und Arbeit«. Wie es dazu gekommen ist, kann mir mein Kollege nicht mehr sagen: Aber auf jeden Fall listete sein Sohn alle Vorurteile auf, die man heute gegenüber älteren Menschen (und dazu rechnete er auch seinen Vater mit seinen 50 Jahren) an vielen Orten hört.

Es sei sowieso egal, was er studiere, meinte sein Sohn, der Kampf der Generationen stünde ja bald bevor; die Jungen könnten die notwendigen Sozialversicherungsbeiträge und Steuern gar nicht aufbringen, um die große Zahl von Älteren zu finanzieren. Dem volkswirtschaftlichen Verständnis seines Sohnes zufolge ist die demografische Katastrophe nah. Immer mehr Alte, immer weniger Junge, was zur Folge habe, dass nicht nur immer mehr Pflegebedürftige versorgt werden müssten, sondern der ganzen Gesellschaft der Stillstand drohe, ältere Menschen seien ja nicht mehr in der Lage, etwas Neues zu lernen, sie seien auch weniger produktiv, könnten mit moderner Technik nicht umgehen. Die Folge liege auf der Hand: Die Alten verdammten unsere Wirtschaft zum Nullwachstum. Und was noch schlimmer sei: Diese unproduktiven, (lern-)unwilligen und -unfähigen, technikfeindlichen Alten machten sich überall in den Unternehmen breit (vor allem auf den Chefsesseln) und verhinderten, dass engagierte junge Kunstgeschichte-Absolventen gutbezahlte Jobs bekämen. Auf den Einwand meines Kollegen, er sei doch begeisterter Nutzer eines Smartphones, fahre immer noch 50 Kilometer am Stück mit dem Rad, fehle so gut wie nie wegen Krankheit in der Arbeit und finanziere schließlich mit einem erklecklichen Betrag das Studium seines Sohnes, entgegnete dieser nur: »Ja, jetzt vielleicht noch. Aber im Grunde bist du ein Auslaufmodell.«

Manchmal denke ich das auch: An schlechten Tagen habe ich das Gefühl, dass alles, was ich jemals gelernt habe, nutzlos ist oder wird, die ganzen Qualifikationen nicht mehr gebraucht werden, die ich mir mühsam angeeignet habe. Irgendwann habe ich auch aufgegeben, mich mit allen technischen Gimmicks zu beschäftigen, und natürlich ist man nicht automatisch geneigt, Nächte und Wochenenden durchzuarbeiten. Aber ist meine Generation auf dem Weg in die Unproduktivität?

Begeistert schauen wir auf Mark Zuckerberg und seine Facebook-Gründung und ähnliche Erfolgsstorys aus Silicon Valley, wo anscheinend Hunderte von 20-Jährigen Milliarden-Imperien gründen. Aber die Fakten legen einen ganz anderen Schluss nahe: In den USA steigt die Zahl der Älteren, die ihre eigene Firma gründen, ständig. Dabei findet sich in der Altersgruppe zwischen 55 und 64 die höchste Anzahl von Gründern. Und was die vermeintliche Jugendlichkeit der Internetpioniere anbelangt, die von den Medien suggeriert wird: Gründer von Technologie-Unternehmen in den USA sind im Schnitt 39 Jahre alt und ihre Kapitalgeber, die diesen Boom möglich machten, in der Regel noch einmal zehn Jahre älter. In Deutschland und Europa sind solche Karrieren 2.0 noch nicht so häufig, aber zwangsläufig (demografische Entwicklung/ökonomische Krisen) und freiwillig (Neuorientierung im Leben/höhere verbleibende Lebenszeit) werden auch in Europa neue Arbeitsmodelle und Berufswege Einzug halten. Nicht vergessen: In Europa wird jeder Dritte im Jahre 2050 über 65 sein! Es bleibt uns also gar nichts anderes übrig, als unser Altern und ältere Menschen positiv zu sehen, nur so bleiben Kreativität und Innovationsfähigkeit erhalten. Und Arbeitsplätze für Kunstgeschichtler schaffen wir dann auch.

»Das mittlere Lebensalter scheint uns mehr Möglichkeiten zu geben, als wir jemals dachten. Mit manchen Entscheidungen haben wir uns vielleicht festgelegt, mag sein, dass wir bestimmte Optionen in unserem Berufsleben nicht mehr haben – Profisportler oder Fotomodell ist mit Anfang oder Ende 40 eher ein unwahrscheinlich zu erreichendes Ziel. Aber allein unsere gute Ausbildung und unsere Offenheit sind entscheidende Vorteile bei der Gestaltung der weiteren Lebenszeit«, tröste ich meinen Kollegen. Und denke weiter: Wer jetzt 40 bis 50 Jahre alt ist, hat rein statistisch noch mindestens 30 bis 40 Jahre Leben vor sich. Die man durchaus genießen kann, denn erst jenseits der 80 treten körperliche und psychische Einschränkungen und Krankheiten, die die Lebensqualität entscheidend beeinträchtigen, vermehrt auf. Vielen medizinischen Studien zufolge sind die Jahre bis 80 für die große Mehrheit relativ frei von gravierenden Einschränkungen und Krankheit – trotz des ab 60 Jahre deutlich steigenden Krebs- und Herzinfarktrisikos.

Machen wir mal ein kleines Gedankenexperiment: Stellen Sie sich kurz vor, was Sie in den vergangenen 35 Jahren alles gemacht haben. Wenn Sie heute 45 sind, sind Sie vor 35 Jahren vielleicht gerade ins Gymnasium gekommen, dann haben Sie Abitur gemacht, vielleicht studiert, geheiratet, Kinder bekommen, Sie haben die Kinder in Kindergarten und Schule gebracht, mittlerweile sind Ihre Kinder vielleicht bereits dabei, langsam das Elternhaus zu verlassen, Sie haben Karriere gemacht, mehrfach Ihren Job gewechselt, was auch immer. Überlegen Sie, wie viele Fußballweltmeisterschaften und Olympische Spiele Sie verfolgt haben, wie viele Filme Sie gesehen, welche Moden Sie mitgemacht haben, welche Musik Sie gehört haben. Erinnern Sie sich, was in der Politik in den letzten 35 Jahren alles geschehen ist? Erinnern Sie sich an Börsencrashs und Finanzkrisen? Und jetzt schauen Sie mal nach vorne – so viele Erlebnisse warten in den nächsten 35 Jahren auf Sie. Vielleicht werden Sie nicht noch einmal heiraten oder Kinder kriegen, wahrscheinlich werden Sie auch keine typische Karriere von unten mehr starten, aber Sie haben unglaublich viel Zeit etwas zu tun: sich zu überlegen, was Sie als Kind und Jugendliche(r) eigentlich einmal machen wollten, einen beruflichen Neuanfang zu wagen, sich selbstständig zu machen oder eine Auszeit zu nehmen und auf Weltreise zu gehen, Sie können (nebenbei) studieren.

Wir müssen das Gerede vergessen, dass ab 50 alles schlechter wird. Und dass es nur noch zehn Jahre sind, bis wir in Rente gehen. Unsere Generation muss überhaupt nicht in Rente gehen. Sie kann und muss weiterarbeiten, aber eben anders – mit mehr Zeitautonomie, darauf werden Bildungsangebot und Rentenregelungen reagieren müssen. Es gibt den demografischen Wandel tatsächlich, aber er ist mehr Chance denn Bedrohung für unsere Gesellschaft, nur müssen wir uns – quer durch alle Generationen – darauf einstellen, uns offen damit auseinandersetzen. Oder wie das chinesische Sprichwort sagt: Wenn der Wind des Wandels bläst, bauen die einen Mauern, die anderen Windmühlen. Und wir bauen gerade Windmühlen. Orientieren wir uns doch lieber an unseren alten Helden: Mick Jagger, Bob Dylan, David Bowie oder wie die Protagonisten der Babyboomer alle heißen mögen. Man kann sich auch jenseits der 65 oder 70 immer wieder neu erfinden. Klar sind wir keine Rockstars, aber genau wie diese haben wir zu jeder Zeit unseres Lebens die Chance, entweder Dinge weiterzumachen oder Neues zu beginnen. Das Wichtigste dabei ist, einfach aktiv zu bleiben, wie die »Never ending Tour« von Bob Dylan so schön unter Beweis stellt. Der Mythos lebt, auch wenn die ›Zeit‹ schreibt, dass er krächzt.

DAS LIEBE GELD – MEIN AUTO, MEIN HAUS, MEIN BOOT UND ICH

Gespräche mit Freunden führen nicht zwangsläufig, aber doch regelmäßig zum Thema Geld. Anders als unsere Eltern macht es uns nichts aus, unser Einkommen offenzulegen oder uns über die Höhe der Depotstände auszutauschen.

Früher klang so ein Gespräch wie folgt:

Ich: »Du wirst nicht glauben, wie hoch unser Bonus dieses Jahr ist, ich dachte, ich habe mich bei der Zahl der Nullstellen verlesen.«

Mein Freund Peter: »Und was machst du jetzt mit dem Zusatzeinkommen?«

Ich: »Also ich wollte mir ja schon lange diese B&O-Anlage kaufen, und dann habe ich gerade einen so tollen Trenchcoat von Burberry gesehen ...«

Er: »Wolltest du dir nicht auch schon mal ein Segelboot oder einen alten Ford Mustang zulegen?«

Heute klingen solche Gespräche ganz anders:

Ich: »Ich weiß nicht, wie ich unsere Existenz in den nächsten Jahren finanzieren soll. Die Geschäfte laufen immer schlechter, das Einkommen stagniert, und wenn ich an die Inflation denke ... puh!«

Er: »Bei mir ist es nicht anders, wenn ich den Bescheid der Rentenversicherung lese, wird mir schwindlig. Das reicht ja später nicht einmal für die Miete. Und bei den Lebensversicherungen kommt auch nichts raus.«

Ich: »Ja, wir müssen uns auf schwere Zeiten einstellen, die dauernden Schwankungen der Aktien machen mich zusätzlich nervös, und in unserer Firma läuft schon wieder eine Sparrunde. Wie soll ich denn später meinen Kindern das Studium finanzieren?«

Er: »Und was machst du jetzt?«

Ich: »Ich habe wirklich keine Ahnung, vielleicht sollte man gleich das ganze Geld ausgeben, dann muss man wenigstens keine Angst mehr haben, es zu verlieren.«

Es hat sich etwas Entscheidendes in unserer Generation geändert: Früher waren Spaß und Statussymbole unsere wichtigsten Motivatoren, und jetzt kommt noch verstärkt das Streben nach Sicherheit hinzu.

Mein Auto, mein Haus, mein Boot. Materielle Dinge waren unserer Generation – man könnte meinen, in Ermangelung ideeller Inhalte – schon immer sehr wichtig. Von wegen materiell anspruchslose Generation: Die Zahl meiner auf die Annehmlichkeiten des Wohlstands verzichtenden Zeitgenossen ist doch sehr gering. Unsere Schichtzugehörigkeit und unseren Status transportieren wir seit jeher über demonstrativen Konsum. Nur die Dinge, die wir uns leisten, haben sich verändert. Waren es in Studentenzeiten ausgefallene Kleidung und Autos, wurden es später exotische Reisen und Möbel für die großen Altbauwohnungen, später kam dann das ultimative Ausdrucksmittel für Luxus: Porsches auf zwei Beinen, will heißen: Kinder. Schließlich kosten die bis zum Abitur locker das, was der schwäbische Autohersteller für seine 911er haben will.

Klar, wir Middle-Ager sind die Generation, die mitten im Leben und auf dem Höhepunkt ihrer Möglichkeiten steht. Deswegen sind wir auch die Gesellschaftsgruppe mit dem höchsten Einkommen und Vermögen aller Deutschen. Zudem sind wir die letzten überzeugten Demokraten und willige Opfer des Marketings – kaum eine Generation vorher oder nachher wäre auf die Idee gekommen, Werbung für Kunst zu halten und sich begeistert die amerikanische Serie ›Mad Men‹ anzusehen. Wir halten das Modell Deutschland am Laufen und damit haben wir auch einiges verdient.

Dennoch sind unser Umgang mit Geld und unsere Haltung zu Materiellem von einem gewissen Widerspruch geprägt. Finanzielle Sicherheit und ein gewisser Luxus bedeuten uns etwas, aber wir werden nicht müde zu betonen, dass das eigentlich Wichtige im Leben Freundschaft, Liebe, Selbstentfaltung, Kreativität, Erkenntnis und was auch immer sind. Auf der anderen Seite schielen wir bei unseren Selbsterfahrungsreisen trotzdem immer wieder einmal auf den Stand unseres Depots, und im Zweifelsfall entscheiden wir uns für den besser bezahlten Job und nicht für den mit dem höheren sozialen Engagement.

Unsere Generation hat Spaß an schönen Sachen: Wir freuen uns daran, wenn wir uns etwas leisten können, seien das neue Schuhe oder ein chic designtes Smartphone, wir geben gerne mal für eine Flasche Wein mehr aus, als er im Supermarkt kostet. Aber wir wissen auch ganz genau, was wir da tun. Wir gehen nicht davon aus, dass Geld allein uns glücklich macht, und bevor wir in der »hedonistischen Tretmühle« untergehen, verzichten wir lieber auf etwas, das wir gerne hätten. Es geht uns nicht mehr darum, dauernd die anderen zu übertreffen und nach immer mehr zu streben, ohne überhaupt noch zu schätzen, was wir haben. Aber wir wissen zugleich, dass es ohne Geld eben auch nicht geht. Von Liebe und Freundschaft allein lässt sich nicht leben.

Ein bisschen Sinn in unserer Existenz muss zu entdecken sein, sonst wird es schwierig bis unmöglich, die notwendige Motivation und gute Laune für dieses anstrengende Erwerbsleben zu finden. Das magische Dreieck aus Haben, Lieben und Sein optimal auszupendeln, ist für uns die entscheidende Aufgabe, um unser Lebensglück zu sichern. Sie ist uns viel wichtiger als die Hubraumgröße unseres Autos, eine weitere Uhr, ein Schmuckstück. Wir wissen einfach, wie schnell sich die Wirkung von materiellen Dingen abnutzt.

Fazit: Klar sind wir *material girls* und *boys*, weil wir Spaß an den Sachen haben, aber wir sind viel zu klug und erfahren, um unser Wohlbefinden davon abhängig zu machen. Von romantischer Einfachheit und pittoresker Armut träumen wir allerdings auch nicht, unsere Reisen in die ärmeren Teile der Welt haben uns schnell eines Besseren belehrt. Mit nur einem Dollar Einkommen pro Tag gibt es keine Chance auf irgendwelche Glücksgefühle. Und den alten Traum von »Freedom is just another word for nothing left to lose« lesen wir heute ganz anders als früher. Während uns einst Freiheit verlockend erschien, und wir froh waren, wenn wir nichts zu verlieren hatten, sind wir heute eher glücklich etwas zu haben und uns zu binden, und können so ganz gut auf Freiheit verzichten. Wir konsumieren, meistens gern, manchmal mit schlechtem Gewissen. Mitunter rationalisieren wir das ganz gehörig und behaupten, dass wir verpflichtet sind zu konsumieren: Schließlich muss sich unsere Welt weiterdrehen, jeder Fernseher, jedes Kleidungs-, jedes Möbelstück sorgt ja an anderer Stelle für Einkommen. In dieser Hinsicht sind wir eine Generation, die Kapitalismus mit der Muttermilch aufgenommen hat.

Wir haben uns als perfekte Teilnehmer der freien Marktwirtschaft positioniert und verhalten uns, wie Ökonomen es formulieren würden, als rationale Nutzenmaximierer. Na ja, vielleicht nicht ganz so rational. Denn wir sind ängstlich, was unser Geld, unser Einkommen, unseren Status betrifft. Vermutlich ängstlicher als die Generationen zuvor, die ja tatsächlich Hyperinflationen, Währungsreformen, Kriege und Weltwirtschaftskrisen erleben mussten. Die vermeintliche Fallhöhe ist ja auch immens. Wobei: Brauchen wir zum Überleben wirklich das, was wir uns zurzeit alles leisten können oder glauben leisten zu müssen? Die Antwort ist klar: keinesfalls. Wir befürchten Einkommenseinbußen durch konjunkturelle Abschwünge, haben Angst, dass ausgabefreudige Südeuropäer den Euro ruinieren, fürchten die Inflation wie der Teufel das Weihwasser und sehen uns im Alter irgendwo zwischen Schuldenturm und Zeltlager unter der Brücke. Die Demoskopen zeigen ganz klar den Widerspruch zwischen der Einschätzung der Ist-Situation und der Zukunftserwartung:

Nach der schon erwähnten Allensbach-Studie scheint sich die »Generation Mitte« in einer beneidenswerten Lage zu befinden. Rund drei Viertel sind der Überzeugung, dass sich an ihrer gefestigten Lebenssituation kaum etwas ändern wird. Fast jeder Fünfte erwartet sogar, dass es ihm in fünf Jahren besser gehen wird. Aber ganz so ungetrübt ist das Glück der 30- bis 59-Jährigen in Deutschland nicht. Zu den größten Sorgen zählt – neben der Angst vor gesundheitlichen Problemen – die Befürchtung, seinen Lebensstandard im Alter nicht halten zu können. Letzteres wähnen immerhin 55 Prozent der Befragten für absehbar. Und 47 Prozent treibt um, dass die eigenen Ersparnisse zumindest teilweise von der Inflation aufgefressen werden könnten. »Die Deutschen haben ein fast neurotisches Verhältnis zur Geldwertstabilität«, sagt die Allensbach-Chefin Renate Köcher. Dabei kenne die heutige mittlere Generation massive Inflation eigentlich nur aus den Erzählungen ihrer Großeltern.

Und noch ein interessanter Widerspruch lässt sich feststellen: Die weit verbreitete Angst, dass das Geld im Alter nicht reichen könnte, hat das Bewusstsein für die Notwendigkeit einer privaten Vorsorge kaum geschärft. Auf die Frage, wie lange man seine finanzielle Zukunft im Voraus planen kann, gab mehr als jeder Dritte einen Zeitraum von unter fünf Jahren an. Dabei wird nach Auskunft der Versicherungswirtschaft ein heute 30-Jähriger beim Eintritt in den regulären Ruhestand nur noch etwa 40 Prozent seines vormaligen Einkommens über die gesetzliche Altersrente bekommen.

WIR MIDDLE-AGER IM REISEFIEBER – MERAN STATT MANHATTAN

Eine der Lieblingsbeschäftigungen meiner Frau ist das Reisen. Und auch ich liebe es wegzufahren oder -fliegen. Bei diesen Vorzeichen ist es nicht weiter verwunderlich, dass wir in unserem Leben viel gereist sind. Immer wenn uns der Sinn danach stand, sind wir einfach losgedüst. Manchmal haben wir uns erst am Freitagmorgen dazu entschlossen, ein Wochenende in Verona oder Venedig zu verbringen. Hin und wieder sind wir einfach ins Auto gestiegen, ohne ein konkretes Ziel. Einmal wollten wir nur für eine Woche ins Burgund, am Ende waren wir drei Wochen unterwegs – quer durch Nordspanien und über Südfrankreich und Norditalien wieder zurück nach München. Nie buchten wir, von Flügen abgesehen, irgendetwas vor, und wenn wir einmal keine Übernachtungsmöglichkeit fanden, machten wir es uns im Auto – und wenn es unbedingt sein musste, auch mal im Freien – so gemütlich, wie es gerade ging. Wir reisten nach Chile und in den Jemen, verliebten uns in Burma und entdeckten Indien, wir fuhren durch Südafrika und die Neuenglandstaaten der USA. Wir fühlten uns frei und unbeschwert. Oft zogen wir mit dem letzten Geld, das noch auf dem Konto war, in die weite Welt hinaus. Danach würde es schon irgendwie weitergehen ... Wir machten uns keine Gedanken um die Zukunft, wir versuchten den Augenblick zu leben. Heute erinnern wir uns oft an diese Reisen und ein typisches Gespräch zu diesem Thema geht wie folgt:

Claudia: »Kannst du dich noch an dieses traumhafte Lokal in Franschhoek erinnern?«

Ich: »Klar, wo es diesen wunderbaren Pinotage gegeben hat.«

Claudia: »Und weißt du noch, wie wir in diesem merkwürdigen Hotel in Graaf-Reinet abgestiegen sind? Und bei 40 Grad im Schatten ein Sixpack Bier getrunken und danach dieses südafrikanische Nationalgericht genossen haben, wie hieß das noch mal?«

Ich: »Meinst du Bobotie mit Hackfleisch und Rosinen?«

Claudia: »Ja, genau, mit größtem Vergnügen haben wir das verspeist, obwohl du Rosinen hasst und ich, seitdem ich vierzehn bin, kein Fleisch mehr angerührt habe. Aber das hat in dem Moment nichts ausgemacht.«

Ich: »Nein, da waren wir so betrunken und gleichzeitig so glücklich, dass uns alles recht war.«

Claudia: »Ja, das war herrlich, diese Unbeschwertheit, diese Sorglosigkeit …«

Ich: »Dieses Gefühl hätte ich heute auch gerne noch einmal.«

Claudia: »Wo ist diese Unbekümmertheit nur hin?«

Darauf folgt eine Zeit betretenen Schweigens und dann ein abrupter Themenwechsel.

Vielleicht ist das einer der schmerzlichsten Verluste beim Älterwerden, vorbei sind die Zeiten, in denen man gelebt hat, als ob es kein Morgen gäbe. Zeiten, in denen wir uns um nichts Sorgen gemacht haben (nicht um Kinder oder um Eltern, nicht um Karriereaussichten und Kontostand, nicht um die eigene körperliche Befindlichkeit oder darüber, was die anderen von einem halten). Irgendwann übernahmen die Vorsicht und das Sicherheitsdenken das Regiment: Statt Spontaneität gab es plötzlich Planung, statt Entdeckungen den Wunsch nach Erholung, statt entspanntem Durch-die-Welt-Driften festgelegte Routen mit vorgebuchten Hotels. Früher versuchten wir auch die entlegensten Ecken der Welt zu erkunden, heute stehen bei unseren Reisen ganz andere Kriterien im Vordergrund.

Claudia und ich im Winter vor dem Kamin:

Claudia: »Wo wollen wir denn dieses Jahr hinfahren? Irgendwo in die Wärme, wo wir noch nie gewesen sind … Jetzt haben wir schon vier Monate Winter hinter uns, und noch vier Monate vor uns, da müssen wir sicher sein, dass wir wenigstens einen schönen Sommer haben.«

Ich: »Was hältst du von Kenia, da wollten wir doch schon immer mal hin.«

Claudia: »Ich weiß nicht, da gibt es so viele Krankheiten, und die medizinische Versorgung ist miserabel, also mit den Kindern geht das nicht.«

Ich: »Ja, schnell einen Arzt zu finden, könnte schwierig sein. Also vielleicht Australien mit einem Zwischenstopp in Singapur?«

Claudia: »Viel zu langer Flug und denk doch mal an die Thrombosegefahr. Und überhaupt gibt es in Australien zu viele giftige Tiere.«

Ich: »Wie wäre es denn mit Ägypten?«

Claudia: »Wo denkst du hin? Zu heiß und dann noch die dauernde Terrorgefahr, der ganze arabisch-nordafrikanische Raum kann mir gestohlen bleiben.«

Ich: »Dann lass uns am besten in Europa bleiben – Griechenland, Süditalien, da ist es immer schön.«

Claudia: »Aber da waren wir doch schon die letzten vier Jahre. Wollen wir nicht mal was Außergewöhnliches machen?«

Ich: »In Europa? Albanien?«

Claudia: »Nee, ich dachte Skandinavien, hohe politische Stabilität, keine wirtschaftlichen Probleme und gute medizinische Versorgung.«

Ich: »Gute Idee, wollen wir mit einem Reisebüro sprechen und die Route festlegen?«

Claudia: »Ja, die können schon mal die ersten Hotels und vielleicht ein Ferienhaus vorbuchen.«

Ich: »Super, und wir nehmen ein Zelt mit, dann sind wir flexibel. Meinst du, wir brauchen eine Reiserücktrittsversicherung oder einen Auslandskrankenschutz?«

Claudia: »Ach, das deckt doch alles unsere Kreditkarte ab, oder?«

Ich: »Wobei das mit dem Zelt vielleicht doch keine gute Idee ist. Hast du nicht gelesen, dass vor Kurzem mehrere Wohnmobilfahrer ausgeraubt wurden? In Schweden gibt es inzwischen so viel Kriminalität ...«

Claudia: »...«

Die Spontaneität von einst ist einer genauen Planung gewichen. Wir erklären uns diese Tatsache in erster Linie damit, dass wir noch relativ kleine Kinder haben, aber ich weiß nicht, ob wir zu unserem alten Reiseverhalten zurückkehren werden, wenn unsere Jungs älter sind. Oder reisen wir dann vielleicht nur noch in den Harz oder die Alpen? Machen wir gar eine Kreuzfahrt?

Der Blick in die Markt- und Meinungsforschung zeigt aber, dass ich in dieser Beziehung Grund zu Optimismus haben kann: 1. ist die Reiselust der Generation zwischen 40 und 55 (und auch darüber hinaus) hoch. Und, noch besser: Die Generation der 50- bis 64-Jährigen ist die reisefreudigste überhaupt, erst danach geht es mit der Aktivität stark bergab: Ab 65 werden die Leute zu »Urlaubsmuffeln«. Entsprechend ist die Zahl der Kurzurlaubsreisen bei den 50- bis 64-Jährigen am höchsten: Mit 2,9 Urlaubsreisen pro Jahr (bezogen auf diejenigen, die Urlaub machen) liegen sie an der Spitze. Was nicht nur der ungebändigten Reiselust zuzuschreiben ist, sondern auch durch das relativ hohe Einkommen dieser Altersgruppe begründet ist. Mir persönlich gefällt vor allem die Tatsache, dass sich das Reiseverhalten unserer Generation nicht geändert hat, zumindest was die Häufigkeit, Dauer und Wahl der Destinationen betrifft. Im Grunde fahren die mittelalten Deutschen (bei uns ist das ein wenig anders) immer noch gerne dorthin, wo sie auch früher unterwegs waren: Italien an erster Stelle. Südeuropa liegt als Zielregion generell nach wie vor an der Spitze, und bei den Middle-Agern ist dies mit Abstand die liebste Reisedestination. Die Toskana-Fraktion eben. Und sie verreisen auch auf die gleiche Weise: Wer früher mit dem eigenen Auto gefahren ist, macht das auch noch, wenn er 50 oder 60 ist. (Als Busreisender wird man also geboren.) Wer in seinen 20ern und 30ern als Backpacker durch Asien zog, wird das wahrscheinlich auch in höherem Alter noch tun. (Außer er hat wie wir noch kleine Kinder.)

Für die 50- bis 64-Jährigen ist die individuelle Gestaltung ihrer Reise wichtig, gefolgt vom Wunsch nach einem ruhigen Urlaubsort und der Suche nach Erholung und Entspannung. Dies spiegelt auch die Tatsache wider, dass die Best-Ager größtenteils noch erwerbstätig sind.

Ab 65 steht Kultur bei einer Reise im Vordergrund. Die Prioritäten der 30- bis 49-Jährigen liegen auch auf Kultur, vor allem aber auf Entspannung und Erholung sowie auf ruhigen Urlaubsorten. Die 14- bis 29-Jährigen dagegen wollen im Urlaub aktiv sein und Spaß haben. Das ist für uns Mittelalten kein Urlaubsvorhaben. Aus dem Alter sind wir raus. Aber vielleicht sollten wir die Cluburlaube und Kreuzfahrten doch noch ein wenig vor uns herschieben und stattdessen den weisen Worten des alten Willie Nelson lauschen:

»And I can't wait to get on the road again … /Goin' places that I've never been. /Seein' things that I may never see again.«

VOLLES ENGAGEMENT – ABER VORHER NOCH DIE MAILS CHECKEN …

Das zweite Jahrzehnt des neuen Jahrtausends hat uns das Phänomen des »Wutbürgers« beschert, jener Spezies, die mit Vorliebe staatliche Großprojekte verhindert. Erstaunlich: Jener Wutbürger ist keineswegs ein *angry young man*, wie es bei Protesten vergangener Jahrzehnte immer der Fall war – nein, der Wutbürger der heutigen Zeit ist gesetzt, überdurchschnittlich wohlhabend, zwischen 40 und 60 Jahre alt. Exemplarisch äußerte sich die Verve des Wutbürgers im Protest gegen den Bahnhof Stuttgart 21, doch längst gibt es gegen alles Mögliche Bürgerinitiativen. Nicht nur im einst so konservativen Stuttgart (inzwischen wird Baden-Württemberg von einem grünen Ministerpräsidenten regiert), sondern sogar in München gehen gutverdienende leitende Angestellte unerbittlich auf die Straße, hier, um gegen eine neue Startbahn des Flughafens oder die Olympischen Winterspiele 2022 zu demonstrieren. In beiden Fällen haben die bajuwarischen Aufständischen ein klares Nein durchgesetzt. Es geht natürlich nur vordergründig um wirtschaftliche Sinnhaftigkeit oder Umweltschutz – vielmehr sind die Middle-Ager um die Wohnqualität in ihren suburbanen Einfamilienhaussiedlungen besorgt, die unter dem Fluglärm leiden könnte. Neue Wintersportstätten in den bayrischen Alpen würden die Aussicht aus den Ferienwohnungen in Berchtesgaden und Garmisch auch nicht gerade verbessern.

Ein interessantes Gedankenspiel: Was würde passieren, wenn heute der Rhein-Main-Donau-Kanal oder der Frankfurter Flughafen gebaut werden sollte? Was wäre das für ein Spektakel! Die Entscheidungsfindung und die vielen Gerichtsprozesse würden wohl ein Menschenalter dauern. Protestierende, die sich am Bauzaun festketten, um die Bäume nicht zu gefährden, die abgesägt werden müssten. Via Facebook (übrigens immer stärker von Älteren als von der Jugend genutzt) würde zu Kundgebungen und Boykottaktionen aufgerufen; zudem würden permanent Durchhalteparolen und sinnhafte Motti gepostet, angeblich vom Dalai Lama oder von Mahatma Gandhi geäußert.

Wie gesagt, die Middle-Ager sind mit den Grünen (Parteigründung 1980) aufgewachsen und stehen der Partei immer noch nahe. Mag sie einst durchaus ihre Daseinsberechtigung gehabt haben: Es ist fraglich, ob eine gute Idee (der Umweltschutz) als Kompetenzbereich auch noch für die nächsten Jahre reicht. Und es passt gut ins Bild der wankelmütigen, sich selbst suchenden und sich nach einer aufrechten politischen Überzeugung sehnenden Generation, dass die Grünen als Partei der Gutmeinenden oft das Gegenteil erreichen. Eine erstaunliche Erkenntnis: Grünen-Wähler belasten die Umwelt stärker als ADAC-Mitglieder. Ja, tatsächlich: Anhänger der Grünen tendieren zu individuellen Fernreisen, die einen heftigen CO_2-Fußabdruck hinterlassen, im Gegensatz zu den eher betulich reisenden Automobilisten, die mit ihrem Opel über den Brenner bis zum Gardasee fahren. Gut gedacht ist nicht immer gut gemacht, auch lautere Beweggründe führen oft in die falsche Richtung. Umweltschutz ist beinahe ein Totschlagargument, das jede weitere Diskussion verhindert, etwa über Atom- oder Kohlekraft. »Eine winzige Fläche in der Sahara würde reichen, um die ganze Welt mit Solarstrom zu versorgen«, ist ein beliebtes Argument. Mag sein, dass Solarenergie eine große Zukunft hat. Dass aber bei der Herstellung von Solarzellen im Moment noch riesige Mengen Treibhausgase anfallen, die zu gefährlichen und messbaren Veränderungen in der Atmosphäre führen, wie man derzeit in Ost- und Südostasien feststellt, ist den meisten Solaranhängern schlichtweg unbekannt – von den kanzerogenen Säuren und hochgiftigen Produktionsrückständen gar nicht zu reden.

Unsere Generation ist denkfaul geworden und zu bequem, einmal eingenommene politische Standpunkte aufzugeben. Bestes Beispiel ist die globale Erwärmung, die auch unter ernstzunehmenden Wissenschaftlern durchaus umstritten ist – und selbst jene, die von einer neuen Warmzeit sprechen, sind sich nicht so sicher wie wir alle, dass es tatsächlich der Mensch ist, der die Temperaturerhöhung ausgelöst hat. Doch wer Zweifel an der globalen Erwärmung anmeldet, gilt schnell als George W. Bush. Mit ökologischem Bewusstsein lebt es sich bequem, vor allem wenn es nicht viel mehr als ein Lippenbekenntnis ist. Also kaufen wir Bioprodukte, ernähren uns bewusster als unsere Eltern, kaufen vermehrt auf dem Markt, sind uns der Philosophie des »Kilometer Null« bewusst und suchen nach lokalen Erzeugnissen. Selbst in den Großstädten der USA boomen lokale Märkte. Das ist alles sehr löblich, keine Frage – und tatsächlich ein großer Fortschritt gegenüber der Convenience-Generation der Eltern.

Dafür fahren wir Autos mit mindestens 200 PS, der SUV wird aus Sicherheitsgründen angeschafft (»und weil das Leasing-Angebot so verlockend war, da konnte ich einfach nicht Nein sagen«), die bereits erwähnten Fernreisen sind absolute Öko-Killer. Am tollsten treiben es die Hollywoodstars. Tom Cruise soll seinen Privatjet schon mal losschicken, um frisches Gemüse zu befördern. Die gute Nachricht: Laut ›Daily

Beast‹ hat es sich um Gemüse aus ökologisch kontrolliertem Anbau gehandelt.

Andere sind immerhin so konsequent und wählen nach den Interessen ihres Bankkontos, also wie bei den letzten Wahlen zu beobachten war, vor allem die CDU/CSU. Einige Politologen vertreten die Theorie, dass Wahlentscheidungen eine Art Lebensversicherung sind. Junge Menschen wählen oft links, weil sie noch nicht am allgemeinen Wohlstand partizipieren können und daher eher Umverteilungsbestrebungen anhängen, die sich etwa in überproportionaler Besteuerung von höheren Einkommen und höherer Erbschafts- und Kapitalertragssteuer ausdrücken. Ältere, gesetzte Menschen wählen eher rechts, um ihren erworbenen Wohlstand zu bewahren. Das ist eine ziemlich harsche Einordnung von Wählerpräferenzen, aber machen Sie ruhig einmal die Probe in Ihrem Bekanntenkreis: Welcher Ihrer Freunde, der inzwischen mit seiner PR-Agentur oder Arztpraxis ein gutes Einkommen erzielt, wählt wirklich noch die SPD?

Immerhin, das Sendungsbewusstsein unserer Generation ist nicht verlorengegangen. Deutsche erklären anderen Ländern zwar nicht mehr den Krieg, aber durchaus noch, wen sie zu wählen haben. Barack Obama hatte selbst unter NPD-Wählern eine solide Mehrheit, denn Mitt Romney galt als unwählbarer Bösewicht, George W. Bush war unbeliebter als islamische Despoten, die ihre eigene Bevölkerung abschlachteten, Sarkozy wurde als kleinwüchsiger Hallodri betrachtet, der sich kraft seines Amtes eine hübsche First Lady geangelt hatte. Polen oder gar Russland? Alles Scheindemokratien, beherrscht von Oligarchen. Die Deutschen und der Rest der Welt – das war immer ein großes Problem. »Du hast sie entweder zu Füßen oder an der Gurgel«, schrieb einst Winston

Churchill. Auf jeden Fall sind die Deutschen nicht nur Exportweltmeister, sondern auch Branchenführer im Moralisieren.

Deutsche haben die Demokratie, zurückhaltend formuliert, nicht gerade erfunden. Und vielleicht sollten sich die Deutschen im Allgemeinen und die meinungsstarken Mittelalten im Besonderen erst einmal an ihren eigenen Politikern abarbeiten, als mit dem Finger auf andere zu zeigen. Ausländische Medien wahren dabei eine wohltuende Zurückhaltung, dabei standen beispielsweise die Machenschaften eines Franz Josef Strauß denen eines Silvio Berlusconi in keiner Weise nach. Und wer die USA als Kriegstreiber anprangert, sollte sich mal fragen, wer denn all die Raketen und Chemiewaffen in die Kriegsgebiete geliefert hat und an welcher Stelle im internationalen Vergleich Deutschland als Waffenexporteur liegt.

Aber die Kraft zu diesen Denkprozessen fehlt unserer Generation häufig. Zu gemütlich lebt es sich im selbstgerechten Urteilen. Reicht es schon, einen Volvo statt eines BMW zu fahren, um mit sich im Reinen zu sein?

DAS ENDE: EIN WEITERER ABEND MIT FREUNDEN ODER EINE GENERATION IM WIDERSPRUCH

Und da saßen wir sechs alten Freunde wieder an unserem Esstisch und debattierten. Über die Gefahr, dass unsere Privatsphäre durch die Abhöraktionen der Geheimdienste vollkommen transparent wird, über das Leid afrikanischer

Flüchtlinge im Mittelmeer, über die Anhebung der Steuersätze und eine Wiederbelebung der Vermögenssteuer, über die anstehende Fußball-WM und die nächsten Urlaubsziele.

Es blieb inzwischen länger hell und die Luft draußen roch allmählich nach Frühling. Als ich die Reste der Gemüsequiche (natürlich mit laktosefreier Sahne!) von den Tellern kratzte und in den Bio-Mülleimer schmiss, sagte ich in die Runde: »Wir sind schon eine widersprüchliche Generation. Wir glauben zu wissen, wo alles enden wird, und wir haben sicher die richtigen moralischen Maßstäbe, aber wenn es um unser tägliches Leben geht, ändern wir nichts. Klar trennen wir den Müll, darin sind wir Deutschen ja Weltmeister, aber wer von euch verzichtet denn auf Auto und Smartphone?«

Ich hätte lieber fragen sollen, »wer von uns verzichtet«, schließlich fahre ich ja auch gerne die zwei Kilometer bis in die Stadtmitte mit meinem Auto, und ohne Smartphone geht natürlich auch in meinem Leben nichts mehr.

»Es ist aber auch alles so unendlich kompliziert. Wir haben zwar Zugang zu viel mehr Wissen als die Generationen vor uns, aber wir können die Dinge dennoch nicht bis ganz zu Ende denken: Ist es wirklich sinnvoll, ein Elektro-Auto zu kaufen oder verbraucht das letztendlich genauso viel Energie wie eins mit Benzinmotor? Was ist umweltschädlicher: die Produktion von Büchern oder die eines E-Readers? Und was passiert, wenn wir in großem Stil unseren Konsum herunterschrauben? Kommt es dann nicht gleich zum Zusammenbruch unserer Wirtschaft und unserer Gesellschaft, wir sehen doch, was in Griechenland passiert. Haben wir tatsächlich eine Wahl?«, entgegnete Maria.

»Klar haben wir die Wahl«, warf Peter ein, »wir können politisch entscheiden und auch als Konsumenten, wo die

Reise hingeht. Nur müssen wir uns über die Prioritäten klar werden. Wir können nicht Wohlstand *und* Zukunftsfähigkeit, Komfort *und* Nachhaltigkeit gleichzeitig erreichen.«

»Haben oder Sein?«, fragte einst Erich Fromm und hoffte damit »die seelischen Grundlagen einer neuen Gesellschaft« zu beschreiben. Wir haben ihn gelesen, gefeiert und vergessen: Heute ist der was, der was hat. Nur: Haben wir nicht alles, was wir brauchen? Wollen und verlangen wir nicht permanent zu viel? Immer wieder höre ich Klagen aus unserem Bekanntenkreis darüber, dass man als Mittelalter allmählich in die Mittelmäßigkeit abrutscht. Was für ein Gejammer auf hohem Niveau. Die vermeintliche »Mitte« stellt in Wirklichkeit die wirtschaftliche Elite. Viele haben nur verlernt, sich daran zu freuen.

Aber dann fiel mein Blick auf Maria, die gerade ihren Job verloren hatte. Und das mit 50. Und da wurde mir auch wieder der Unterschied zur Vorgängergeneration bewusst. Während ein sozialer Aufstieg aus eigener Kraft vor 50 Jahren möglich war, besteht heute vielmehr die Gefahr, aus der Mitte abzustürzen.

Mein Mann riss mich aus meinen Gedanken, als er eine neue Flasche Wein entkorkte und dabei sagte: »Die 68er-Generation trat mit dem Wunsch nach mehr Freiheit an, was wir zu einem großen Teil übernommen haben, später kam das Bedürfnis nach hoher Sicherheit dazu. Was uns besonders auszeichnet, ist: Wir wollen alles, persönlichen Wohlstand, eine Zukunft für unsere Kinder und unseren Planeten, soziale Gerechtigkeit und Sicherheit in maximaler Ausprägung, und wir erkennen, dass das nicht so leicht zu vereinbaren ist. Das alles macht uns zu einer widersprüchlichen Generation.«

Klar, dachte ich, wenn wir unseren Wohlstand verteidigen wollen, müssen wir auch zulassen, dass Flughäfen gebaut und Autos produziert werden. Wir brauchen intensive Geheimdienstarbeit, die uns vor Terroranschlägen schützen und dafür sorgen sollte, dass sich der 11.09.2001 nicht wiederholt. Doch wenn wir die absolute Sicherheit haben wollen, dürfen wir uns nicht wundern, dass auch wir überwacht werden. Ich blickte in die Runde und hatte den Eindruck, dass gerade jeder mal kurz über seine eigenen widersprüchlichen Handlungen und Einstellungen nachdachte. Ich zumindest tat das und stellte fest, dass es in meinem Leben tatsächlich viel Unentschiedenheit und Ambivalenz gibt. So glaube ich ganz fest daran, dass für das Überleben unserer Gesellschaft ein Mehr an sozialer Gerechtigkeit notwendig ist – mein Mann denkt das auch, wählt dann aber die Partei, die am wenigsten die Steuern erhöht. Ich bin überzeugt davon, dass das Verbot von Drogen und der *war on drugs* sinnlos sind, würde aber trotzdem alles tun, um meine Kinder davor zu schützen. Natürlich benutze ich gerne das Smartphone, kaufe im Netz, lese hin und wieder Bücher auf dem iPad – und dennoch versuche ich die Zeit, die mein Sohn mit seinem iPod verbringt, zu minimieren und ihn vor den Gefahren im Internet zu schützen.

Peter durchbrach das Schweigen und meinte: »Ich glaube, wir sind die erste Generation, die es sich selbst richtig schwer macht. Versteht mich richtig: In vieler Hinsicht haben wir es wesentlich leichter als die Generationen vor uns, aber wir reflektieren unser Leben und die Auswirkungen unserer persönlichen Entscheidungen doch sehr intensiv. Alles, was wir tun, hinterfragen wir. Viele Dinge genießen wir nicht mehr so unbeschwert, weil wir zweifeln, ob sie ›richtig‹ sind – darf ich mich an einem Hemd erfreuen, das unter unbekannten

Umständen in Bangladesch produziert wurde? Darf ich mein Auto mit Biosprit betanken, wenn ich weiß, dass so viele Anbauflächen für Nahrung dafür geopfert wurden? Darf ich nach Ägypten oder Myanmar reisen?«

»Keine Ahnung. Vielleicht übertreiben wir es ja ein wenig mit unseren Skrupeln. Aber auf der anderen Seite haben unsere Zweifel und Gewissensnöte auch viel Gutes bewirkt: mehr Toleranz, mehr Freiheit, mehr Achtung und Respekt für Minderheiten und Andersdenkende, mehr Rechte für Frauen, mehr Spielraum für Kinder. Es gibt einiges, auf das unsere Generation stolz sein kann. Ich denke, wir müssen wieder lernen, uns des Lebens zu freuen, ohne Ängste vor sozialem Abstieg oder Weltuntergang, ohne Gewissensbisse bei jeder lustvollen Entscheidung«, erwiderte Susanne darauf.

»Unsere Generation zeichnet aus, dass wir für vieles ein Problembewusstsein entwickelt haben, von der Erziehung unserer Kinder über die Versorgung der Alten und die Behandlung Kranker bis zur Haltung von Nutztieren. Darüber haben sich die Menschen früher viel weniger Gedanken gemacht«, sagte meine Freundin weiter.

Recht hat sie. Wir werfen nicht einfach alles weg und entsorgen unsere Autos in der freien Natur, wie das noch in den 1960er-Jahren gemacht wurde, wir essen weniger Fleisch und trinken weniger Alkohol. Wir hängen keinen militanten Ideen nach. Ich blickte zu meinem Mann und wusste, dass er in diesem Moment genauso dachte.

»Wir haben vieles getan, um unsere Welt in einen friedlicheren und freundlicheren Ort zu verwandeln. Und darauf bin ich – Widersprüche hin oder her – wirklich stolz. Wenn wir in dieser Richtung weitergehen, sehe ich für mich und meine Familie eine Zukunft. Ansonsten halte ich es mit Cat

Stevens und seiner Devise aus ›Father and Son‹: ›Just relax, take it easy. / But take your time, think a lot‹«, sagte Stefan lachend.

Wir sollten uns vor allem nicht so verdammt wichtig nehmen, natürlich sind wir alle geborene Superstars, aber was bedeuten unsere Meinungen und Überzeugungen schon im Vergleich zu denen der sieben Milliarden Menschen, die inzwischen auf dieser Erde leben. Unsere Entscheidungen haben Einfluss, aber der ist auch sehr begrenzt und wir können uns nicht zum Maßstab aller hier auf diesem Planeten machen. Wir sollten uns selbst und unsere Freunde und Familien lieben und genießen, so gut wir können. Uns darüber freuen, dass wir in so einem relativ freien und sicheren, wohlhabenden und freundlichen Land leben, und auf unserem Weg einfach weitergehen. So verantwortungsvoll mit diesem Glück umgehen wie wir können, vielleicht noch ein bisschen mehr teilen, als wir das bisher gemacht haben. Mehr kann man eigentlich nicht leisten, oder?

Sicherheit, Absicherung, Ängste, Unzufriedenheit – was ist mit unseren alten Träumen, unserer Spontaneität, unserer Lebensfreude, unserer Wildheit geworden? »Like a true nature's child / We are born to be wild«, sangen Steppenwolf. Vielleicht ist es das, was wir wieder mehr in unser Leben bringen müssen: mehr Natürlichkeit und mehr Kindlichkeit, Anspruchslosigkeit und Aufrichtigkeit, Dinge, die den guten Wilden eben auszeichnen. Wenigstens für den Rest des Abends beherzigten wir das. Und mögen sich auch viele Träume und Hoffnungen zerschlagen oder als falsch erwiesen haben, vielleicht liegt das Beste ja sogar noch vor uns.